OEUVRES
COMPLETES
D'HELVÉTIUS.

TOME QUATRIEME.

A PARIS,

DE L'IMPRIMERIE DE P. DIDOT L'AÎNÉ.

L'AN IIIe DE LA RÉPUBLIQUE.

1795.

OEUVRES
COMPLETES
D'HELVÉTIUS.

―――――

TOME QUATRIEME.

DE L'ESPRIT.

SUITE DU DISCOURS III.

Si l'Esprit doit être considéré comme un don de la nature, ou comme un effet de l'éducation.

CHAPITRE VII.

De la supériorité d'esprit des gens passionnés sur les gens sensés.

Avant le succès, si les grands génies en tout genre sont presque toujours traités de fous par les gens sensés, c'est que ces derniers, incapables de rien de grand, ne peuvent pas même soupçonner l'existence des moyens dont se servent les grands hommes pour opérer les grandes choses.

Voilà pourquoi ces grands hommes doivent toujours exciter le rire, jusqu'à ce qu'ils excitent l'admiration. Lorsque Parménion, pressé par Alexandre d'ouvrir un avis sur les propositions de paix que faisoit Darius, lui dit, *Je les accepterois si j'étois Alexandre;* qui doute, avant que la victoire eût justifié la témérité apparente du prince, que l'avis de Parménion ne parût plus sage aux Macédoniens que la réponse d'Alexandre, *Et moi aussi, si j'étois Parménion?* L'un est d'un homme commun et sensé, et l'autre d'un homme extraordinaire. Or il est plus d'hommes de la premiere que de la seconde classe. Il est donc évident que, si, par de grandes actions, le fils de Philippe ne se fût pas déja attiré le respect des Macédoniens, et ne les eût pas accoutumés aux entreprises extraordinaires, sa réponse leur eût absolument paru ridicule. Aucun d'eux n'en eût recherché le motif, et dans le sentiment intérieur que ce héros devoit avoir de la supériorité de son courage et de ses lumieres, de l'avantage que l'une et l'autre de ces qualités lui donnoient sur des peuples efféminés et mous, tels que les Perses, et dans la connoissance enfin qu'il avoit, et du caractere des Macédoniens, et de son empire sur leurs esprits, et par conséquent de la facilité avec laquelle il pouvoit, par ses gestes, ses discours et ses regards, leur communiquer l'audace qui l'animoit lui-même. C'étoient cependant ces divers motifs, joints à la soif ardente de la gloire, qui, lui faisant avec raison considérer la victoire comme beaucoup plus assurée qu'elle ne le paroissoit à Parménion, devoit en conséquence lui inspirer aussi une réponse plus haute.

Lorsque Tamerlan planta ses drapeaux au pied des remparts de Smyrne, contre lesquels venoient de se briser les forces de l'empire ottoman, il sentoit la difficulté de son entreprise; il savoit bien qu'il attaquoit une place que l'Europe chrétienne pouvoit continuellement ravitailler; mais, en l'excitant à cette entreprise, la passion de la gloire lui fournit les moyens de l'exécuter. Il comble l'abyme des eaux, oppose une digue à la mer et aux flottes européanes, arbore ses étendards victorieux sur les breches de Smyrne, et montre à l'univers étonné que rien n'est impossible aux grands hommes(1).

Lorsque Lycurgue voulut faire de Lacédémone une république de héros, on ne le vit point, selon la marche lente, et dès lors incertaine, de ce qu'on appelle la sagesse, y procéder par des changements in-

---

(1) Je dis la même chose de Gustave. Lorsqu'à la tête de son armée et de son artillerie, profitant du moment où l'hiver avoit consolidé la surface des eaux, ce héros traverse des mers glacées pour descendre en Seeland; il savoit aussi bien que ses officiers qu'on pouvoit facilement s'opposer à sa descente; mais il savoit mieux qu'eux qu'une sage témérité confond presque toujours la prévoyance des hommes ordinaires; que la hardiesse des entreprises en assure souvent le succès; et qu'il est des cas où la suprême audace est la suprême prudence.

sensibles. Ce grand homme, échauffé de la passion de la vertu, sentoit que, par des harangues ou des oracles supposés, il pouvoit inspirer à ses concitoyens les sentiments dont lui-même étoit enflammé ; que, profitant du premier instant de ferveur, il pourroit changer la constitution du gouvernement, et faire dans les mœurs de ce peuple une révolution subite, que, par les voies ordinaires de la prudence, il ne pourroit exécuter que dans une longue suite d'années. Il sentoit que les passions sont semblables aux volcans, dont l'éruption soudaine change tout-à-coup le lit d'un fleuve que l'art ne pourroit détourner qu'en lui creusant un nouveau lit, et par conséquent après des temps et des travaux immenses. C'est ainsi qu'il réussit dans un projet peut-être le plus hardi qui jamais ait été conçu, et dans l'exécution duquel échoueroit tout homme sensé qui, ne devant ce titre de sensé qu'à l'incapacité où il est d'être mu par des passions fortes, ignore toujours l'art de les inspirer.

Ce sont ces passions qui, justes appréciatrices des moyens d'allumer le feu de l'enthousiasme, en ont souvent employé que les gens sensés, faute de connoître à cet égard le cœur humain, ont, avant le succès, toujours regardés comme puérils et ridicules. Tel est celui dont se servit Périclès lorsque, marchant à l'ennemi, et voulant transformer ses soldats en autant de héros, il fait cacher dans un bois sombre, et monter sur un char attelé de quatre chevaux blancs, un homme d'une taille extraordinaire, qui, le corps couvert d'un riche manteau, les pieds parés de brodequins brillants, la tête ornée d'une chevelure éclatante, apparoît tout-à-coup à l'armée, et passe rapidement devant elle en criant au général : *Périclès, je te promets la victoire.*

Tel est le moyen dont se servit Épaminondas pour exciter le courage des Thébains, lorsqu'il fit enlever de nuit les armes suspendues dans un temple, et persuada à ses soldats que les dieux protecteurs de Thebes s'y étoient armés pour venir le lendemain combattre contre leurs ennemis.

Tel est enfin l'ordre que Ziska donne au lit de la mort, lorsqu'encore animé de la haine la plus violente contre les catholiques qui l'avoient persécuté, il commande à ceux de son parti de l'écorcher immédiatement après sa mort, et de faire un tambour de sa peau, leur promettant la victoire

DISCOURS III, CHAP. VII.

toutes les fois qu'au son de ce tambour ils marcheroient contre les catholiques : promesse que le succès justifia toujours.

On voit donc que les moyens les plus décisifs, les plus propres à produire de grands effets, toujours inconnus à ceux qu'on appelle les gens sensés, ne peuvent être apperçus que par des hommes passionnés qui, placés dans les mêmes circonstances que ce héros, eussent été affectés des mêmes sentiments.

Sans le respect dû à la réputation du grand Condé regarderoit-on comme un germe d'émulation pour les soldats le projet qu'avoit formé ce prince de faire enregistrer dans chaque régiment le nom des soldats qui se seroient distingués par quelques faits ou quelques dits mémorables ? L'inexécution de ce projet ne prouve-t-elle point qu'on en a peu connu l'utilité? Sent-on, comme l'illustre chevalier Folard, le pouvoir des harangues sur les soldats? Tout le monde apperçoit-il également toute la beauté de ce mot de M. de Vendôme, lorsque, témoin de la fuite de quelques troupes que leurs officiers tâchoient en vain de rallier, ce général se jette au milieu des fuyards, en criant aux officiers: *Laissez faire les soldats; ce n'est point ici, c'est là* (montrant un arbre éloigné de cent pas) *que ces troupes vont et doivent se reformer?* Il ne laissoit dans ce discours entrevoir aux soldats aucun doute de leur courage; il réveilloit par ce moyen en eux les passions de la honte et de l'honneur, qu'ils se flattoient encore de conserver à ses yeux. C'étoit l'unique moyen d'arrêter ces fuyards, et de les ramener au combat et à la victoire.

Or qui doute qu'un pareil discours ne soit un trait de caractere; et qu'en général tous les moyens dont se sont servis les grands hommes pour échauffer les ames du feu de l'enthousiasme ne leur aient été inspirés par les passions? Est-il un homme sensé qui, pour imprimer plus de confiance et plus de respect aux Macédoniens, eût autorisé Alexandre à se dire fils de Jupiter Hammon; eût conseillé à Numa de feindre un commerce secret avec la nymphe Égérie; à Zamolxis, à Zaleucus, à Mnévès, de se dire inspirés par Vesta, Minerve ou Mercure; à Marius de traîner à sa suite une diseuse de bonne aventure; à Sertorius de consulter sa biche; et enfin au comte de Dunois d'armer une pucelle pour triompher des Anglais?

Peu de gens élevent leurs pensées au-delà des pensées communes; moins de gens encore osent exécuter et dire ce qu'ils pensent (1). Si les hommes sensés vouloient faire usage de pareils moyens, faute d'un certain tact et d'une certaine connoissance des passions, ils n'en pourroient jamais faire d'heureuses applications. Ils sont faits pour suivre les chemins battus;

(1) Ceux-là cependant sont les seuls qui avancent l'esprit humain. Lorsqu'il ne s'agit point de matiere de gouvernement, où les moindres fautes peuvent influer sur le bonheur ou le malheur des peuples, et qu'il n'est question que de sciences, les erreurs mêmes des gens de génie méritent l'éloge et la reconnoissance du public, puisqu'en fait de sciences il faut qu'une infinité d'hommes se trompent pour que les autres ne se trompent plus. On peut leur appliquer ce vers de Martial,

Si non errasset, fecerat ille minus.

ils s'égarent s'ils les abandonnent. L'homme de bon sens est un homme dans le caractere duquel la paresse domine. Il n'est point doué de cette activité d'ame qui, dans les premiers postes, fait inventer aux grands hommes de nouveaux ressorts pour mouvoir le monde, ou qui leur fait semer dans le présent le germe des évènements futurs. Aussi le livre de l'avenir ne s'ouvre-t-il qu'à l'homme passionné et avide de gloire.

A la journée de Marathon, Thémistocle fut le seul des Grecs qui prévît la bataille de Salamine, et qui sût, en exerçant les Athéniens à la navigation, les préparer à la victoire.

Lorsque Caton le censeur, homme plus sensé qu'éclairé, opinoit avec tout le sénat à la destruction de Carthage, pourquoi Scipion s'opposoit-il seul à la ruine de cette ville? C'est que lui seul regardoit Carthage, et comme une rivale digne de Rome, et comme une digue qu'on pouvoit opposer au torrent des vices et de la corruption prêts à se déborder dans l'Italie. Occupé de l'étude politique de l'histoire, habitué à la méditation, à cette fatigue d'attention dont la seule passion de la gloire nous rend capables, il étoit par ce moyen parvenu à une espece de divination. Aussi présageoit-il tous les malheurs sous lesquels Rome alloit succomber, dans le moment même que cette maîtresse du monde élevoit son trône sur les débris de toutes les monarchies de l'univers ; aussi voyoit-il naître de toutes parts des Marius et des Sylla ; aussi entendoit-il déja publier les funestes tables de proscription, lorsque les Romains n'appercevoient par-tout que des palmes triomphales, et n'entendoient que les cris de la victoire. Ce peuple étoit alors comparable à ces matelots qui, voyant la mer calme, les zéphyrs enfler doucement les voiles et rider la surface des eaux, se livrent à une joie indiscrete ; tandis que le pilote attentif voit s'élever à l'extrémité de l'horizon le grain qui doit bientôt bouleverser les mers.

Si le sénat romain n'eut point égard au conseil de Scipion, c'est qu'il est peu de gens à qui la connoissance du passé et du présent dévoile celle de l'avenir (1); c'est que, semblables au chêne, dont l'accroissement ou le dépérissement est insensible aux insectes éphémeres qui rampent sous

(1) Souvent un petit bien présent suffit pour enivrer une nation, qui, dans son aveuglement, traite d'ennemi de l'état le génie élevé qui dans ce petit bien présent découvre de grands maux à ve-

son ombrage, les empires paroissent dans une espece d'état d'immobilité à la plupart des hommes, qui s'en tiennent d'autant plus volontiers à cette apparence d'immobilité, qu'elle flatte davantage leur paresse, qui se croit alors déchargée des soins de la prévoyance.

Il en est du moral comme du physique. Lorsque les peuples croient les mers constamment enchaînées dans leur lit, le sage les voit successivement découvrir et submerger de vastes contrées, et le vaisseau sillonner les plaines que naguere sillonnoit la charrue. Lorsque les peuples voient les montagnes porter dans les nues

nir. On imagine qu'en lui prodiguant le nom odieux de *frondeur* c'est la vertu qui punit le vice; et ce n'est le plus souvent que la sottise qui se moque de l'esprit.

une tête également élevée, le sage voit leurs cimes orgueilleuses, perpétuellement démolies par les siecles, s'ébouler dans les vallons et les combler de leurs ruines; mais ce ne sont jamais que des hommes accoutumés à méditer qui, voyant l'univers moral, ainsi que l'univers physique, dans une destruction et une reproduction successives et perpétuelles, peuvent appercevoir les causes éloignées du renversement des états. C'est l'œil d'aigle des passions qui perce dans l'abyme ténébreux de l'avenir : l'indifférence est née aveugle et stupide. Quand le ciel est serein et les airs épurés, le citadin ne prévoit point l'orage : c'est l'œil intéressé du laboureur attentif qui voit avec effroi des vapeurs insensibles s'élever de la surface de la terre, se condenser dans les cieux, et les couvrir de ces nuages noirs dont les flancs entr'ouverts vomiront bientôt les foudres et les grêles qui ravageront les moissons.

Qu'on examine chaque passion en particulier, l'on verra que toutes sont toujours très éclairées sur l'objet de leurs recherches; qu'elles seules peuvent quelquefois appercevoir la cause des effets que l'ignorance attribue au hasard; qu'elles seules par conséquent peuvent rétrécir, et peut-être un jour détruire entièrement, l'empire de ce hasard dont chaque découverte resserre nécessairement les bornes.

Si les idées et les actions que font concevoir et exécuter des passions telles que l'avarice ou l'amour sont en général peu estimées, ce n'est pas que ces idées et ces actions n'exigent souvent beaucoup de combinaisons et d'esprit, mais c'est que les unes et les autres sont indifférentes ou même

nuisibles au public, qui n'accorde, comme je l'ai prouvé dans le discours précédent, les titres de vertueuses ou de spirituelles qu'aux actions et aux idées qui lui sont utiles. Or l'amour de la gloire est entre toutes les passions la seule qui puisse toujours inspirer des actions et des idées de cette espèce. Elle seule enflammoit un roi d'Orient, lorsqu'il s'écrioit : « Malheur
« aux souverains qui commandent à
« des peuples esclaves ! Hélas ! les
« douceurs d'une juste louange, dont
« les dieux et les héros sont si avides,
« ne sont pas faites pour eux. O peu-
« ples, ajoutoit-il, assez vils pour
» avoir perdu le droit de blâmer pu-
« bliquement vos maîtres, vous avez
« perdu le droit de les louer. L'éloge
« de l'esclave est suspect. L'infortuné
« qui le régit ignore toujours s'il est
« digne d'estime ou de mépris. Eh !

« quel tourment pour une ame no-
« ble, que de vivre livrée au supplice
« de cette incertitude ! »

De pareils sentiments supposent toujours une passion ardente pour la gloire. Cette passion est l'ame des hommes de génie et de talent en tout genre ; c'est à ce desir qu'ils doivent l'enthousiasme qu'ils ont pour leur art, qu'ils regardent quelquefois comme la seule occupation digne de l'esprit humain : opinion qui les fait traiter de fous par les gens sensés, mais qui ne les fait jamais considérer comme tels par l'homme éclairé qui, dans la cause de leur folie, apperçoit celle de leurs talents et de leurs succès.

La conclusion de ce chapitre c'est que ces gens sensés, ces idoles des gens médiocres, sont toujours fort inférieurs aux gens passionnés ; et que ce sont les passions fortes qui, nous arrachant à la paresse, peuvent seules nous douer de cette continuité d'attention à laquelle est attachée la supériorité d'esprit. Il ne me reste, pour confirmer cette vérité, qu'à montrer dans le chapitre suivant que ceux-là même qu'on place avec raison au rang des hommes illustres rentrent dans la classe des hommes les plus médiocres au moment même qu'ils ne sont plus soutenus du feu des passions.

CHAPITRE VIII.

On devient stupide dès qu'on cesse d'être passionné.

Cette proposition est une conséquence nécessaire de la précédente. En effet, si l'homme épris du desir le plus vif de l'estime, et capable en ce genre de la plus forte passion, n'est point à portée de satisfaire ce desir, ce desir cessera bientôt de l'animer, parcequ'il est de la nature de tout desir de s'éteindre s'il n'est point nourri par l'espérance. Or la même cause qui éteindra en lui la passion de l'estime y doit nécessairement étouffer le germe de l'esprit.

Qu'on nomme à la recette d'un

péage, ou à quelque emploi pareil, des hommes aussi passionnés pour l'estime publique que devoient l'être les Turenne, les Condé, les Descartes, les Corneille et les Richelieu ; privés, par leur position, de tout espoir de gloire, ils seront à l'instant dépourvus de l'esprit nécessaire pour remplir de pareils emplois. Peu propres à l'étude des ordonnances ou des tarifs, ils seront sans talents pour un emploi qui peut les rendre odieux au public; ils n'auront que du dégoût pour une science dans laquelle l'homme qui s'est le plus profondément instruit, et qui s'est en conséquence couché très savant et très respectable à ses propres yeux, peut se réveiller très ignorant et très inutile si le magistrat a cru devoir supprimer ou simplifier ces droits. Entièrement livrés à la force d'inertie, de pareils hommes seront bientôt incapables de toute espece d'application.

Voilà pourquoi, dans la gestion d'une place subalterne, les hommes nés pour le grand sont souvent inférieurs aux esprits les plus communs. Vespasien, qui sur le trône fut l'admiration des Romains, avoit été l'objet de leur mépris dans la charge de préteur (1). L'aigle, qui perce les nues d'un vol audacieux, rase la terre d'une aile moins rapide que l'hirondelle. Détruisez dans un homme la passion qui l'anime, vous le privez au même instant de toutes ses lumieres. Il semble que la chevelure de Samson soit à cet égard l'emblême des passions : cette chevelure est-elle

(1) Caligula fit remplir de boue la robe de Vespasien, pour n'avoir pas eu soin de faire nettoyer les rues.

coupée ? Samson n'est plus qu'un homme ordinaire.

Pour confirmer cette vérité par un second exemple, qu'on jette les yeux sur ces usurpateurs d'Orient qui à beaucoup d'audace et de prudence joignoient nécessairement de grandes lumieres ; qu'on se demande pourquoi la plupart d'entre eux n'ont montré que peu d'esprit sur le trône ; pourquoi, fort inférieurs en général aux usurpateurs d'Occident, il n'en est presque aucun, comme le prouve la forme des gouvernements asiatiques, qu'on puisse mettre au nombre des législateurs. Ce n'est pas qu'ils fussent toujours avides du malheur de leurs sujets ; mais c'est qu'en prenant la couronne l'objet de leur desir étoit rempli ; c'est qu'assurés de sa possession par la bassesse, la soumission et l'obéissance d'un peuple esclave, la passion qui les avoit portés à l'empire cessoit alors de les animer; c'est que, n'ayant plus de motifs assez puissants pour les déterminer à supporter la fatigue d'attention que suppose la découverte et l'établissement des bonnes lois, ils étoient, comme je l'ai dit plus haut, dans le cas de ces hommes sensés qui, n'étant animés d'aucun desir vif, n'ont jamais le courage de s'arracher aux délices de la paresse.

Si dans l'Occident, au contraire, plusieurs usurpateurs ont sur le trône fait éclater de grands talents; si les Auguste et les Cromwel peuvent être mis au rang des législateurs ; c'est qu'ayant affaire à des peuples impatients du frein, et dont l'ame étoit plus hardie et plus élevée, la crainte de perdre l'objet de leurs desirs attisoit toujours en eux, si je l'ose dire, la passion de l'ambition. Elevés sur des trônes sur lesquels ils ne pouvoient impunément s'endormir, ils sentoient qu'il falloit se rendre agréables à des peuples fiers, établir des lois utiles (1) pour le moment, tromper ces peuples, et du moins leur en imposer par le fantôme d'un bonheur passager qui les dédommageât des malheurs réels que l'usurpation entraîne après elle.

C'est donc aux dangers auxquels ces derniers ont sans cesse été ex-

---

(1) C'est ce qui a mérité à Cromwel cette épitaphe :

Ci gît le destructeur d'un pouvoir légitime,
Jusqu'à son dernier jour favorisé des cieux,
    Dont les vertus méritoient mieux
    Que le sceptre acquis par un crime.
Par quel destin faut-il, par quelle étrange loi,
Qu'à tous ceux qui sont nés pour porter la couronne
    Ce soit l'usurpateur qui donne
L'exemple des vertus que doit avoir un roi !

posés sur le trône qu'ils ont dû cette supériorité de talents qui les place au-dessus de la plupart des usurpateurs d'Orient : ils étoient dans le cas de l'homme de génie en d'autres genres, qui, toujours en butte à la critique, et perpétuellement inquiet dans la jouissance d'une réputation toujours prête à lui échapper, sent qu'il n'est pas seul échauffé de la passion de la vanité, et que, si la sienne lui fait desirer l'estime d'autrui, celle d'autrui doit constamment la lui refuser, si, par des ouvrages utiles et agréables, et par de continuels efforts d'esprit, il ne les console de la douleur de le louer. C'est sur le trône, en tous les genres, que cette crainte entretient l'esprit dans l'état de fécondité : cette crainte est-elle anéantie ? le ressort de l'esprit est détruit.

Qui doute qu'un physicien ne porte

infiniment plus d'attention à l'examen d'un fait de physique, souvent peu important pour l'humanité, qu'un sultan à l'examen d'une loi d'où dépend le bonheur ou le malheur de plusieurs milliers d'hommes? Si ce dernier emploie moins de temps à méditer, à rédiger ses ordonnances et ses édits, qu'un homme d'esprit à composer un madrigal ou une épigramme, c'est que la méditation, toujours fatigante, est, pour ainsi dire, contraire à notre nature (1); et

(1) Quelques philosophes ont à ce sujet avancé ce paradoxe, que les esclaves, exposés aux plus rudes travaux du corps, trouvoient peut-être dans le repos de l'esprit dont ils jouissoient une compensation à leurs peines, et que ce repos de l'esprit rendoit souvent la condition de l'esclave égale en bonheur à celle du maître.

qu'à l'abri sur le trône, et de la punition, et des traits de la satyre, un sultan n'a point de motif pour triompher d'une paresse dont la jouissance est si agréable à tous les hommes.

Il paroît donc que l'activité de l'esprit dépend de l'activité des passions. C'est aussi dans l'âge des passions, c'est-à-dire depuis vingt-cinq jusqu'à trente-cinq et quarante ans, qu'on est capable des plus grands efforts et de vertu et de génie. A cet âge les hommes nés pour le grand ont acquis une certaine quantité de connoissances, sans que leurs passions aient encore presque rien perdu de leur activité. Cet âge passé, les passions s'affoiblissent en nous; et voilà le terme de la croissance de l'esprit: on n'acquiert plus alors d'idées nouvelles; et, quelque supérieurs que soient dans la suite les ouvrages que l'on compose, on ne fait plus qu'appliquer et développer les idées conçues dans le temps de l'effervescence des passions, et dont on n'avoit point encore fait usage.

Au reste ce n'est point uniquement à l'âge qu'on doit toujours attribuer l'affoiblissement des passions. On cesse d'être passionné pour un objet lorsque le plaisir qu'on se promet de sa possession n'est point égal à la peine nécessaire pour l'acquérir : l'homme amoureux de la gloire n'y sacrifie ses goûts qu'autant qu'il se croit dédommagé de ce sacrifice par l'estime qui en est le prix. C'est pourquoi tant de héros ne pouvoient que dans le tumulte des camps et parmi les chants de victoire échapper aux filets de la volupté ; c'est pourquoi le grand Condé ne maîtrisoit son humeur qu'un jour de bataille, où, dit-on, il étoit du plus grand sang froid ; c'est pourquoi, si l'on peut comparer aux grandes choses celles auxquelles on donne le nom de petites, Dupré, trop négligé dans sa marche ordinaire, ne triomphoit de cette habitude qu'au théâtre, où les applaudissements et l'admiration des spectateurs le dédommageoient de la peine qu'il prenoit pour leur plaire. On ne triomphe point de ses habitudes et de sa paresse si l'on n'est amoureux de la gloire ; et les hommes illustres ne sont quelquefois sensibles qu'à la plus grande. S'ils ne peuvent envahir presque en entier l'empire de l'estime, la plûpart s'abandonnent à une honteuse paresse. L'extrême orgueil et l'extrême ambition produisent souvent en eux l'effet de l'indifférence et de la modération. Une petite gloire, en effet, n'est jamais desirée que par une petite ame. Si les gens si attentifs dans la maniere de s'habiller, de se présenter et de parler dans les compagnies, sont en général incapables de grandes choses, c'est non seulement parcequ'ils perdent à l'acquisition d'une infinité de petits talents et de petites perfections un temps qu'ils pourroient employer à la découverte de grandes idées et à la culture de grands talents, mais encore parceque la recherche d'une petite gloire suppose en eux des desirs trop foibles et trop modérés. Aussi les grands hommes sont-ils presque tous incapables des petits soins et des petites attentions nécessaires pour s'attirer de la considération : ils dédaignent de pareils moyens. *Méfiez-vous*, disoit Sylla en parlant de César, *de ce jeune homme qui marche si immodestement dans les rues : je vois en lui plusieurs Marius.*

J'ai fait, je crois, suffisamment

sentir que l'absence totale des passions, s'il pouvoit en exister, produiroit en nous le parfait abrutissement, et qu'on approche d'autant plus de ce terme qu'on est moins passionné (1). Les passions sont en effet le feu céleste qui vivifie le monde moral : c'est aux passions que les sciences et les arts doivent leurs découvertes, et

(1) C'est le défaut de passions qui produit souvent l'entêtement qu'on reproche aux gens bornés. Leur peu d'intelligence suppose qu'ils n'ont jamais eu le desir de s'instruire, ou qu'au moins ce desir a toujours été très foible et très subordonné à leur goût pour la paresse. Or quiconque ne desire point de s'éclairer n'a jamais de motifs suffisants pour changer d'avis : il doit, pour s'épargner la fatigue de l'examen, toujours fermer l'oreille aux représentations de la raison; et l'opiniâtreté est dans ce cas l'effet nécessaire de la paresse.

l'ame son élévation. Si l'humanité leur doit aussi ses vices et la plupart de ses malheurs, ces malheurs ne donnent point aux moralistes le droit de condamner les passions, et de les traiter de folie. La sublime vertu et la sagesse éclairée sont deux assez belles productions de cette folie pour la rendre respectable à leurs yeux.

La conclusion générale de ce que j'ai dit sur les passions, c'est que leur force peut seule contrebalancer en nous la force de la paresse et de l'inertie, nous arracher au repos et à la stupidité vers laquelle nous gravitons sans cesse, et nous douer enfin de cette continuité d'attention à laquelle est attachée la supériorité de talent.

Mais, dira-t-on, la nature n'auroit-elle pas donné aux divers hommes d'inégales dispositions à l'esprit en allumant dans les uns des passions plus fortes que dans les autres? Je répondrai à cette question que, si, pour exceller dans un genre, il n'est pas nécessaire, comme je l'ai prouvé plus haut, d'y donner toute l'application dont on est capable; il n'est pas nécessaire non plus pour s'illustrer dans ce même genre d'être animé de la plus vive passion, mais seulement du degré de passion suffisant pour nous rendre attentifs. D'ailleurs il est bon d'observer qu'en fait de passions les hommes ne different peut-être pas entre eux autant qu'on l'imagine. Pour savoir si la nature à cet égard a si inégalement partagé ses dons, il faut examiner si tous les hommes sont susceptibles de passions, et pour cet effet remonter jusqu'à leur origine.

CHAPITRE IX.

De l'origine des passions.

Pour s'élever à cette connoissance il faut distinguer deux sortes de passions.

Il en est qui nous sont immédiatement données par la nature, il en est aussi que nous ne devons qu'à l'établissement des sociétés. Pour savoir laquelle de ces deux différentes especes de passions a produit l'autre, qu'on se transporte en esprit aux premiers jours du monde : on y verra la nature, par la soif, la faim, le froid et le chaud, avertir l'homme de ses besoins, et attacher une infinité de plaisirs et de peines à la satisfaction ou à la privation de ces besoins : on y verra l'homme capable de recevoir des impressions de plaisir et de douleur, et naître, pour ainsi dire, avec l'amour de l'un et la haine de l'autre. Tel est l'homme au sortir des mains de la nature.

Or, dans cet état, l'envie, l'orgueil, l'avarice, l'ambition, n'existoient point pour lui: uniquement sensible au plaisir et à la douleur physiques, il ignoroit toutes ces peines et ces plaisirs factices que nous procurent les passions que je viens de nommer. De pareilles passions ne nous sont donc pas immédiatement données par la nature; mais leur existence, qui suppose celle des sociétés, suppose encore en nous le germe caché de ces mêmes passions. C'est pourquoi, si la nature ne nous donne en naissant que des besoins, c'est dans nos besoins et nos premiers desirs qu'il faut chercher l'origine de ces passions factices, qui ne peuvent jamais être qu'un développement de la faculté de sentir.

Il semble que, dans l'univers moral comme dans l'univers physique, Dieu n'ait mis qu'un seul principe dans tout ce qui a été. Ce qui est et ce qui sera n'est qu'un développement nécessaire.

Il a dit à la matiere, Je te doue de la force. Aussitôt les éléments, soumis aux lois du mouvement, mais errants et confondus dans les déserts de l'espace, ont formé mille assemblages monstrueux, ont produit mille chaos divers, jusqu'à ce qu'enfin ils se soient placés dans l'équilibre et l'ordre physique dans lequel on suppose maintenant l'univers rangé.

Il semble qu'il ait dit pareillement à l'homme, Je te doue de la sensibilité. C'est par elle qu'aveugle instrument de mes volontés, incapable de connoître la profondeur de mes vues, tu dois, sans le savoir, remplir tous mes desseins. Je te mets sous la garde du plaisir et de la douleur : l'un et l'autre veilleront à tes pensées, à tes actions ; engendreront tes passions, exciteront tes aversions, tes amitiés, tes tendresses, tes fureurs ; allumeront tes desirs, tes craintes, tes espérances ; te dévoileront des vérités, te plongeront dans des erreurs ; et, après t'avoir fait enfanter mille systêmes absurdes et différents de morale et de législation, te découvriront un jour les principes simples au développement desquels est attaché l'ordre et le bonheur du monde moral.

En effet, supposons que le ciel anime tout-à-coup plusieurs hommes : leur premiere occupation sera de satisfaire leurs besoins; bientôt après ils essaieront par des cris d'exprimer les impressions de plaisir et de douleur qu'ils reçoivent. Ces premiers cris formeront leur premiere langue, qui, à en juger par la pauvreté de quelques langues sauvages, a dû d'abord être très courte, et se réduire à ces premiers sons. Lorsque les hommes, plus multipliés, commenceront à se répandre sur la surface du monde, et que, semblables aux vagues dont l'océan couvre au loin ses rivages et qui rentrent aussitôt dans son sein, plusieurs générations se seront montrées à la terre, et seront rentrées dans le gouffre où s'abyment les êtres; lorsque les familles seront plus voisines les unes des autres ; alors le desir commun de posséder les mêmes choses, telles que les fruits d'un certain arbre, ou les faveurs d'une certaine femme, exciteront en eux des querelles et des combats : de là naîtront la colere et la vengeance. Lorsque, soulés de sang et las de vivre dans une crainte perpétuelle, ils auront consenti à perdre un peu de cette liberté qu'ils ont dans l'état naturel, et qui leur est nuisible; alors ils feront entre eux des conventions; ces conventions seront leurs premieres lois; les lois faites, il faudra charger quelques hommes de leur exécution ; et voilà les premiers magistrats. Ces magistrats grossiers de peuples sauvages habiteront d'abord les forêts. Après en avoir en partie détruit les animaux, lorsque les peuples ne vivront plus de leur chasse, la disette des vivres leur enseignera l'art d'élever des troupeaux.

Ces troupeaux fourniront à leurs besoins, et les peuples chasseurs seront changés en peuples pasteurs. Après un certain nombre de siecles, lorsque ces derniers se seront extrêmement multipliés, et que la terre ne pourra dans le même espace subvenir à la nourriture d'un plus grand nombre d'habitants sans être fécondée par le travail humain ; alors les peuples pasteurs disparoîtront, et feront place aux peuples cultivateurs. Le besoin de la faim, en leur découvrant l'art de l'agriculture, leur enseignera bientôt après l'art de mesurer et de partager les terres. Ce partage fait, il faut assurer à chacun ses propriétés : et de là une foule de sciences et de lois. Les terres, par la différence de leur nature et de leur culture, portant des fruits différents, les hommes feront entre eux des échanges, sentiront l'avantage qu'il y auroit à convenir d'un échange général qui représentât toutes les denrées, et ils feront choix pour cet effet de quelques coquillages ou de quelques métaux. Lorsque les sociétés en seront à ce point de perfection, alors toute égalité entre les hommes sera rompue; on distinguera des supérieurs et des inférieurs : alors ces mots de *bien* et de *mal*, créés pour exprimer les sensations de plaisir ou de douleur physiques que nous recevons des objets extérieurs, s'étendront généralement à tout ce qui peut nous procurer l'une ou l'autre de ces sensations, les accroître ou les diminuer; telles sont les richesses et l'indigence : alors les richesses et les honneurs, par les avantages qui y seront attachés, deviendront l'objet général du desir des hommes. De là naîtront, selon la forme différente des gouvernements, des passions criminelles ou vertueuses ; telles sont l'envie, l'avarice, l'orgueil, l'ambition, l'amour de la patrie, la passion de la gloire, la magnanimité, et même l'amour, qui, ne nous étant donné par la nature que comme un besoin, deviendra, en se confondant avec la vanité, une passion factice qui ne sera comme les autres qu'un développement de la sensibilité physique.

Quelque certaine que soit cette conclusion, il est peu d'hommes qui conçoivent nettement les idées dont elle résulte. D'ailleurs, en avouant que nos passions prennent originairement leur source dans la sensibilité physique, on pourroit croire encore que, dans l'état actuel où sont les nations policées, ces passions existent indépendamment de la cause qui les a produites. Je vais donc, en suivant la métamorphose des peines et des plaisirs physiques en peines et en plaisirs factices, montrer que, dans des passions telles que l'avarice, l'ambition, l'orgueil et l'amitié, dont l'objet paroît le moins appartenir aux plaisirs des sens, c'est cependant toujours la douleur et le plaisir physique que nous fuyons ou que nous recherchons.

CHAPITRE X.

De l'Avarice.

L'or et l'argent peuvent être regardés comme des matieres agréables à la vue; mais, si l'on ne desiroit dans leur possession que le plaisir produit par l'éclat et la beauté de ces métaux, l'avare se contenteroit de la libre contemplation des richesses entassées dans le trésor public. Or, comme cette vue ne satisferoit pas sa passion, il faut que l'avare, de quelque espece qu'il soit, ou desire les richesses comme l'échange de tous les plaisirs, ou comme l'exemption de toutes les peines attachées à l'indigence.

Ce principe posé, je dis que l'homme n'étant, par sa nature, sensible qu'aux plaisirs des sens, ces plaisirs, par conséquent, sont l'unique objet de ses desirs. La passion du luxe, de la magnificence dans les équipages, les fêtes et les emmeublements, est donc une passion factice, nécessairement produite par les besoins physiques ou de l'amour ou de la table. En effet, quels plaisirs réels ce luxe et cette magnificence procureroient-ils à l'avare voluptueux, s'il ne les considéroit comme un moyen, ou de plaire aux femmes, s'il les aime, et d'en obtenir des faveurs, ou d'en imposer aux hommes, et de les forcer, par l'espoir confus d'une récompense, à écarter de lui toutes les peines, et à rassembler près de lui tous les plaisirs?

Dans ces avares voluptueux qui ne méritent pas proprement le nom d'avares, l'avarice est donc l'effet immédiat de la crainte de la douleur et de l'amour du plaisir physique. Mais, dira-t-on, comment ce même amour du plaisir ou cette même crainte de la douleur peuvent-ils l'exciter chez les vrais avares, chez ces avares infortunés qui n'échangent jamais leur argent contre des plaisirs? S'ils passent leur vie dans la disette du nécessaire, et s'ils s'exagerent à eux-mêmes et aux autres le plaisir attaché à la possession de l'or, c'est pour s'étourdir sur un malheur que personne ne veut ni ne doit plaindre.

Quelque surprenante que soit la contradiction qui se trouve entre leur conduite et les motifs qui les font agir, je tâcherai de découvrir la cause qui, leur laissant desirer sans cesse le plaisir, doit toujours les en priver.

J'observerai d'abord que cette sorte d'avarice prend sa source dans une crainte excessive et ridicule, et de la possibilité de l'indigence, et des maux qui y sont attachés. Les avares sont assez semblables aux hypocondres, qui vivent dans des transes perpétuelles, qui voient par-tout des dangers, et qui craignent que tout ce qui les approche ne les casse.

C'est parmi les gens nés dans l'indigence qu'on rencontre le plus communément de ces sortes d'avares ; ils ont par eux-mêmes éprouvé ce que la pauvreté entraîne de maux à sa suite : aussi leur folie à cet égard est-elle plus pardonnable qu'elle ne le seroit à des hommes nés dans l'abondance, parmi lesquels on ne trouve guere que des avares fastueux ou voluptueux.

Pour faire voir comment dans les premiers la crainte de manquer du nécessaire les force toujours à s'en priver, supposons qu'accablé du faix de l'indigence quelqu'un d'entre eux conçoive le projet de s'y soustraire. Le projet conçu, l'espérance aussitôt vient vivifier son ame affaissée par la misere; elle lui rend l'activité, lui fait chercher des protecteurs, l'enchaîne dans l'antichambre de ses patrons, le force à s'intriguer auprès des ministres, à ramper aux pieds des grands, et à se dévouer enfin au genre de vie le plus triste, jusqu'à ce qu'il ait obtenu quelque place qui le mette à l'abri de la misere. Parvenu à cet état, le plaisir sera-t-il l'unique objet de sa recherche? Dans un homme qui, par ma supposition, sera d'un caractere timide et défiant, le souvenir vif des maux qu'il a éprouvés doit d'abord lui inspirer le desir de s'y soustraire, et le déterminer par cette raison à se refuser jusqu'à des besoins dont il a, par la pauvreté, acquis l'habitude de se priver. Une fois au-dessus du besoin, si cet homme atteint alors l'âge de trente-cinq ou quarante ans; si l'amour du plaisir, dont chaque instant émousse la vivacité, se fait moins vivement sentir à son cœur, que fera-t-il alors? Plus difficile en plaisirs, s'il aime les femmes, il lui en faudra de plus belles, et dont les faveurs soient plus cheres: il voudra donc acquérir de nouvelles richesses pour satisfaire ses nouveaux goûts. Or, dans l'espace de temps qu'il mettra à cette acquisition, si la défiance et la timidité, qui s'accroissent avec l'âge, et qu'on peut regarder comme l'effet du sentiment de notre foiblesse, lui démontrent qu'en fait de richesses *assez* n'est jamais assez; et si son avidité se trouve en équilibre avec son amour pour les plaisirs; il sera soumis alors à deux attractions différentes. Pour obéir à l'une et à l'autre, cet homme, sans renoncer au plaisir, se prouvera qu'il doit du moins en remettre la jouissance au temps où, possesseur de plus grandes richesses, il pourra, sans crainte de l'avenir, s'occuper tout entier de ses plaisirs présents. Dans le nouvel intervalle de temps qu'il mettra à accumuler ces nouveaux trésors, si l'âge le rend tout-à-fait insensible au plaisir, changera-t-il son genre de vie? renoncera-t-il à des habitudes que l'incapacité d'en contracter de nouvelles lui a rendues cheres? Non, sans doute: et, satisfait, en contemplant ses trésors, de la possibilité des plaisirs dont les richesses sont l'échange, cet homme, pour éviter les peines physiques de l'ennui, se livrera tout entier à ses occupations ordinaires: il deviendra même d'autant plus avare dans sa vieillesse, que l'habitude d'amasser n'étant plus contrebalancée par le desir de jouir, elle sera, au contraire, soutenue en lui par la crainte machinale que la vieillesse a toujours de manquer.

La conclusion de ce chapitre c'est que la crainte excessive et ridicule des maux attachés à l'indigence est la cause de l'apparente contradiction qu'on remarque entre la conduite de certains avares et les motifs qui les font mouvoir. Voilà comme, en desirant toujours le plaisir, l'avarice peut toujours les en priver.

CHAPITRE XI.

De l'Ambition.

L<small>E</small> crédit attaché aux grandes places peut, ainsi que les richesses, nous épargner des peines, nous procurer des plaisirs, et par conséquent être regardé comme un échange. On peut donc appliquer à l'ambition ce que j'ai dit de l'avarice.

Chez ces peuples sauvages dont les chefs ou les rois n'ont d'autre privilege que celui d'être nourris et vêtus de la chasse que font pour eux les guerriers de la nation, le desir de s'assurer ses besoins y fait des ambitieux.

Dans Rome naissante, lorsqu'on n'assignoit d'autre récompense aux grandes actions que l'étendue de terrain qu'un Romain pouvoit labourer et défricher en un jour, ce motif suffisoit pour former des héros.

Ce que je dis de Rome je le dis de tous les peuples pauvres ; ce qui chez eux forme des ambitieux c'est le desir de se soustraire à la peine et au travail. Au contraire, chez les nations opulentes, où tous ceux qui prétendent aux grandes places sont pourvus des richesses nécessaires pour se procurer, non seulement les besoins, mais encore les commodités de la vie, c'est presque toujours dans l'amour du plaisir que l'ambition prend naissance.

Mais, dira-t-on, la pourpre, les tiares, et généralement toutes les marques d'honneur, ne font sur nous aucune impression physique de plaisir: l'ambition n'est donc pas fondée sur cet amour du plaisir, mais sur le desir de l'estime et des respects; elle n'est donc pas l'effet de la sensibilité physique.

Si le desir des grandeurs, répondrai-je, n'étoit allumé que par le desir de l'estime et de la gloire, il ne s'éleveroit d'ambitieux que dans des républiques telles que celles de Rome et de Sparte, où les dignités annonçoient communément de grandes vertus et de grands talents, dont elles étoient la récompense. Chez ces peuples, la possession des dignités pouvoit flatter l'orgueil, puisqu'elle assuroit un homme de l'estime de ses concitoyens; puisque cet homme, ayant toujours de grandes entreprises à exécuter, pouvoit regarder les grandes places comme des moyens de s'illustrer et de prouver sa supériorité sur les autres. Or l'ambitieux poursuit également les grandeurs dans les siecles où ces grandeurs sont le plus avilies par le choix des hommes qu'on y éleve, et par conséquent dans les temps mêmes où leur possession est moins flatteuse. L'ambition n'est donc pas fondée sur le desir de l'estime. En vain diroit-on qu'à cet égard l'ambitieux peut se tromper lui-même : les marques de considération qu'on lui prodigue l'avertissent à chaque instant que c'est sa place et non lui qu'on honore. Il sent que la considération dont il jouit n'est point personnelle; qu'elle s'évanouit par la mort ou la disgrace du maître; que la vieillesse même du prince suffit pour la détruire; qu'alors les hommes élevés aux premiers postes sont autour du souverain comme ces nuages d'or qui assistent au coucher du soleil, et dont la splendeur s'obscurcit et disparoît à mesure que l'astre s'enfonce sous l'horizon. Il l'a mille fois ouï dire, et l'a lui-même mille fois répété, que le mérite n'appelle point aux honneurs; que la promotion aux dignités n'est point aux yeux du public la preuve d'un mérite réel; qu'elle est, au contraire, presque toujours regardée comme le prix de l'intrigue, de la bassesse, et de l'importunité. S'il en doute, qu'il ouvre l'histoire, et surtout celle de Byzance: il y verra qu'un homme peut être à-la-fois revêtu de tous les honneurs d'un empire, et couvert du mépris de toutes les nations. Mais je veux que, confusément avide d'estime, l'ambitieux croie ne chercher que cette estime dans les grandes places; il est facile de montrer que ce n'est pas le vrai motif qui le détermine, et que sur ce point il se fait illusion à lui-même; puisqu'on ne desire pas, comme je le prouverai dans le chapitre de l'orgueil, l'estime pour l'estime même, mais pour les avantages qu'elle procure. Le desir des grandeurs n'est donc point l'effet du desir de l'estime.

A quoi donc attribuer l'ardeur avec laquelle on recherche les dignités? A l'exemple de ces jeunes gens riches qui n'aiment à se montrer en public que dans un équipage leste et brillant, pourquoi l'ambitieux ne veut-il y paroître que décoré de quelques marques d'honneur? C'est qu'il considere ces honneurs comme un truchement qui annonce aux hommes son indépendance, la puissance qu'il a de rendre à son gré plusieurs d'entre eux heureux ou malheureux, et l'intérêt qu'ils ont tous de mériter une faveur toujours proportionnée aux plaisirs qu'ils sauront lui procurer.

Mais, dira-t-on, ne seroit-ce pas plutôt du respect et de l'adoration des hommes que l'ambitieux seroit jaloux? Dans le fait c'est le respect des hommes qu'il desire; mais pourquoi le desire-t-il? Dans les hommages qu'on rend aux grands ce n'est point le geste du respect qui leur plaît. Si ce geste étoit par lui-même agréable, il n'est point d'homme riche qui, sans sortir de chez lui, et sans courir après les dignités, ne pût se procurer un tel bonheur. Pour se satisfaire il loueroit une douzaine de porte-faix, les revêtiroit d'habits magnifiques, les barioleroit de tous les cordons de l'Europe, les tiendroit le matin dans son antichambre pour venir tous les jours payer à sa vanité un tribut d'encens et de respects.

L'indifférence des gens riches pour cette espece de plaisir prouve qu'on n'aime point le respect comme respect, mais comme un aveu d'infériorité de la part des autres hommes, comme un gage de leur disposition favorable à notre égard, et de leur empressement à nous éviter des peines et à nous procurer des plaisirs.

Le desir des grandeurs n'est donc fondé que sur la crainte de la douleur ou l'amour du plaisir. Si ce desir n'y prenoit point sa source, quoi de plus facile que de désabuser l'ambitieux? O toi, lui diroit-on, qui seches d'envie en contemplant le faste et la pompe des grandes places, ose t'élever à un orgueil plus noble, et leur éclat cessera de t'en imposer. Imagine pour un moment que tu n'es pas moins supérieur aux autres hommes que les insectes leur sont inférieurs; alors tu ne verras dans les courtisans que des abeilles qui bourdonnent autour de leur reine; le sceptre même ne te paroîtra plus qu'une gloriole.

Pourquoi les hommes ne prêteront-ils jamais l'oreille à de pareils discours? auront-ils toujours peu de considération pour ceux qui ne peuvent guere, et préféreront-ils toujours les grandes places aux grands talents? C'est que les grandeurs sont un bien, et peuvent, ainsi que les richesses, être regardées comme l'échange d'une infinité de plaisirs. Aussi les recherche-t-on avec d'autant plus d'ardeur qu'elles peuvent nous donner sur les hommes une puissance plus étendue, et par conséquent nous procurer plus d'avantages. Une preuve de cette vérité, c'est qu'ayant le choix du trône d'Ispahan, ou de Londres il n'est presque personne qui ne donnât au sceptre de fer de la Perse la préférence sur celui de l'Angleterre. Qui doute cependant qu'aux yeux d'un homme honnête le dernier ne parût plus desirable, et qu'ayant à choisir entre ces deux couronnes un homme vertueux ne se déterminât en faveur de celle où le roi, borné dans son pouvoir, se trouve dans l'heureuse impuissance de nuire à ses sujets? S'il n'est cependant presque aucun ambitieux qui n'aimât mieux commander au peuple esclave des Persans qu'au peuple libre des Anglais, c'est qu'une autorité plus absolue sur les hommes les rend plus attentifs à nous plaire; c'est qu'instruits par un instinct secret, mais sûr, on sait que la crainte rend toujours plus d'hommages que l'amour; que les tyrans, du moins de leur vivant, ont presque toujours été plus honorés que les bons rois; c'est que la reconnoissance a toujours élevé des temples moins somptueux aux dieux bienfaisants qui portent la corne d'abondance (1), que la crainte n'en a consacré aux dieux cruels et colossaux qui, portés sur les ouragans et

(1) Dans la ville de Bantam, les habitants présentent les prémices de leurs fruits à l'esprit malin, et rien au grand Dieu, qui, selon eux, est bon, et n'a pas besoin de ces offrandes. (Voyez Vincent le Blanc.)

Les habitants de Madagascar croient le Diable beaucoup plus méchant que Dieu. Avant que de manger ils font une offrande à Dieu et une au Démon. Ils commencent par le Diable, jettent un morceau du côté droit, et disent, *Voilà pour toi, seigneur Diable.* Ils jettent ensuite un morceau du côté gauche, et disent, *Voilà pour toi, seigneur Dieu.* Ils ne lui font aucune priere. *Recueil des Lettres édifiantes.*

les tempêtes, et couverts d'un vêtement d'éclairs, sont peints la foudre à la main; c'est enfin qu'éclairés par cette connoissance on sent qu'on doit plus attendre de l'obéissance d'un esclave que de la reconnoissance d'un homme libre.

La conclusion de ce chapitre, c'est que le desir des grandeurs est toujours l'effet de la crainte de la douleur ou de l'amour des plaisirs des sens, auxquels se réduisent nécessairement tous les autres. Ceux que donne le pouvoir et la considération ne sont pas proprement des plaisirs; ils n'en obtiennent le nom que parceque l'espoir et les moyens de se procurer des plaisirs sont déja des plaisirs : plaisirs qui ne doivent leur existence qu'à celle des plaisirs physiques (1).

(1) Pour prouver que ce ne sont pas

Je sais que, dans les projets, les entreprises, les forfaits, les vertus, et la pompe éblouissante de l'ambition, l'on apperçoit difficilement l'ouvrage de la sensibilité physique. Comment, dans cette fiere ambition qui, le bras fumant de carnage, s'assied au milieu des champs de bataille sur un monceau de cadavres, et frappe, en signe de victoire, ses ailes dégouttantes de sang; comment, dis-je, dans l'am-

les plaisirs physiques qui nous portent à l'ambition, peut-être dira-t-on que c'est communément le desir vague du bonheur qui nous en ouvre la carriere. Mais, répondrai-je, qu'est-ce que le desir vague du bonheur? C'est un desir qui ne porte sur aucun objet en particulier. Or je demande si l'homme qui, sans aimer aucune femme en particulier, aime en général toutes les femmes, n'est point animé du desir des plaisirs physiques. Toutes

bition ainsi figurée, reconnoître la fille de la volupté ? comment imaginer qu'à travers les dangers, les fatigues et les travaux de la guerre, ce soit la volupté qu'on poursuive ? C'est cependant elle seule, répondrai-je, qui, sous le nom de libertinage, recrute les armées de presque toutes les nations. On aime les plaisirs, et par conséquent les moyens de s'en procurer : les hommes desirent donc et les richesses et les dignités. Ils vou-

les fois qu'on voudra se donner la peine de décomposer le sentiment vague de l'amour du bonheur, on trouvera toujours le plaisir physique au fond du creuset. Il en est de l'ambitieux comme de l'avare, qui ne seroit point avide d'argent, si l'argent n'étoit pas ou l'échange des plaisirs, ou le moyen d'échapper à la douleur physique. Il ne desireroit point l'argent dans une ville telle que Lacédémone, où l'argent n'auroit point de cours.

droient de plus faire fortune en un jour, et la paresse leur inspire ce desir. Or la guerre, qui promet le pillage des villes au soldat et des honneurs à l'officier, flatte à cet égard et leur paresse et leur impatience. Les hommes doivent donc supporter plus volontiers les fatigues de la guerre que les travaux de l'agriculture (1), qui ne leur promet des richesses que dans un avenir éloigné. Aussi les anciens Germains, les Tartares, les habitants des côtes d'Afrique, et les Arabes, ont-ils toujours été plus adonnés au vol et à la piraterie qu'à la culture des terres.

(1) « Le repos, dit Tacite, est pour
« les Germains un état violent: ils sou-
« pirent sans cesse après la guerre; ils
« s'y font un nom en peu de temps;
« ils aiment mieux combattre que la-
« bourer. »

Il en est de la guerre comme du gros jeu, qu'on préfere au petit, au risque même de se ruiner, parceque le gros jeu nous flatte de l'espoir de grandes richesses, et nous les promet dans un instant.

Pour ôter aux principes que j'ai établis tout air de paradoxe, je vais, dans le titre du chapitre suivant, exposer l'unique objection à laquelle il me reste à répondre.

CHAPITRE XII.

Si, dans la poursuite des grandeurs, on ne cherche qu'un moyen de se soustraire à la douleur, ou de jouir du plaisir physique, pourquoi le plaisir échappe-t-il si souvent à l'ambitieux?

On peut distinguer deux sortes d'ambitieux. Il est des hommes malheureusement nés, qui, ennemis du bonheur d'autrui, desirent les grandes places, non pour jouir des avantages qu'elles procurent, mais pour goûter le seul plaisir des infortunés, pour tourmenter les hommes, et jouir de leur malheur. Ces sortes d'ambitieux sont d'un caractere assez semblable aux faux dévots, qui en général passent pour méchants, non que la loi qu'ils professent ne soit une loi d'amour et de charité, mais parceque les hommes le plus ordinairement portés à une dévotion austere sont apparemment des hommes mécontents de ce bas monde (1), qui ne peuvent espérer

(1) L'expérience prouve qu'en général les caracteres propres à se priver de certains plaisirs, et à saisir les maximes et les pratiques austeres d'une certaine dévotion, sont ordinairement des caracteres malheureux. C'est la seule maniere d'expliquer comment tant de sectaires ont pu allier à la sainteté et à la douceur des principes de la religion tant de méchanceté et d'intolérance; intolérance prouvée par tant de massacres. Si la jeunesse, lorsqu'on ne s'oppose point à ses passions, est ordinairement plus humaine et plus généreuse que la vieillesse, c'est que les malheurs et les infirmités ne l'ont point encore endurcie. L'homme d'un ca-

de bonheur qu'en l'autre, et qui, mornes, timides et malheureux, cherchent dans le spectacle du malheur d'autrui une distraction aux leurs. Les ambitieux de cette espece sont en très petit nombre ; ils n'ont rien de grand ni de noble dans l'ame, ils ne sont comptés que parmi les tyrans ; et, par la nature de leur ambition, ils sont privés de tous les plaisirs.

ractere heureux est gai et bon homme : c'est lui seul qui dit,

Que tout le monde ici soit heureux de ma joie!

Mais l'homme malheureux est méchant. César disoit, en parlant de Cassius, « Je « redoute ces gens haves et maigres : il « n'en est pas ainsi de ces Antoines, de « ces gens uniquement occupés de leurs « plaisirs ; leur main cueille des fleurs, et « n'aiguise point de poignards ». Cette observation de César est très belle, et plus générale qu'on ne pense.

Il est des ambitieux d'une autre espece (et dans cette espece je les comprends presque tous), ce sont ceux qui dans les grandes places ne cherchent qu'à jouir des avantages qui y sont attachés. Parmi ces ambitieux il en est qui, par leur naissance ou leur position, sont d'abord élevés à des postes importants: ceux-là peuvent quelquefois allier le plaisir avec les soins de l'ambition; ils sont en naissant placés, pour ainsi dire, à la moitié de la carriere qu'ils ont à parcourir (1). Il n'en est pas ainsi d'un homme qui de l'état le plus médiocre veut, comme Cromwel, s'élever aux premiers postes. Pour s'ouvrir la route de l'ambition, où les premiers pas

(1) L'ambition est, si je l'ose dire, en eux plutôt une convenance d'état qu'une passion forte que les obstacles irritent, et qui triomphe de tout.

sont ordinairement les plus difficiles, il a mille intrigues à faire, mille amis à ménager; il est à-la-fois occupé et du soin de former de grands projets, et du détail de leur exécution. Or, pour découvrir comment de pareils hommes, ardents à la poursuite de tous les plaisirs, animés de ce seul motif, en sont souvent privés, supposons qu'avide de ces plaisirs, et frappé de l'empressement avec lequel on cherche à prévenir le desir des grands, un homme de cette espece veuille s'élever aux premiers postes : ou cet homme naîtra dans ces pays où le peuple est le dispensateur des graces, où l'on ne peut se concilier la bienveillance publique que par des services rendus à la patrie, où par conséquent le mérite est nécessaire; ou ce même homme naîtra dans des gouvernements absolument despotiques, tels que le Mogol, où les honneurs sont le prix de l'intrigue : or, quel que soit le lieu de sa naissance, je dis que, pour parvenir aux grandes places, il ne peut donner presque aucun temps à ses plaisirs. Pour le prouver je prendrai le plaisir de l'amour pour exemple, non seulement comme le plus vif de tous, mais encore comme le ressort presque unique des sociétés policées. Car il est bon d'observer en passant qu'il est dans chaque nation un besoin physique qu'on doit considérer comme l'ame universelle de cette nation. Chez les sauvages du septentrion, qui, souvent exposés à des famines affreuses, sont toujours occupés de chasse et de pêche, c'est la faim et non l'amour qui produit toutes les idées ; ce besoin est en eux le germe de toutes leurs pensées : aussi presque toutes les combinaisons de leur esprit ne roulent-elles que sur les ruses de la chasse et de la pêche, et sur les moyens de pourvoir au besoin de la faim. Au contraire, l'amour des femmes est chez les nations policées le ressort presque unique qui les meut (1). En ces pays, l'amour in-

(1) Ce n'est pas que d'autres motifs ne puissent allumer en nous le feu de l'ambition. Dans les pays pauvres, le desir de pourvoir à ses besoins suffit, comme je l'ai dit plus haut, pour faire des ambitieux; dans les pays despotiques, la crainte du supplice que peut nous faire subir le caprice d'un despote peut former encore des ambitieux: mais, chez les peuples policés, c'est le desir vague du bonheur, desir qui se réduit toujours, comme je l'ai déja prouvé, aux plaisirs des sens, qui le plus communément inspire l'amour des grandeurs. Or, parmi ces plaisirs, je suis sans doute en droit de choisir celui des femmes, comme le plus vif et le plus

vente tout, produit tout : la magnificence, la création des arts de luxe,

puissant de tous. Une preuve qu'en effet ce sont les plaisirs de cette espece qui nous animent, c'est qu'on n'est susceptible de l'acquisition des grands talents, et capable de ces résolutions désespérées nécessaires quelquefois pour monter aux premiers postes, que dans la premiere jeunesse, c'est-à-dire dans l'âge où les besoins physiques se font le plus vivement sentir. Mais, dira-t-on, que de vieillards montent avec plaisir aux grandes places ! Oui : ils les acceptent, ils les desirent même ; mais ce desir ne mérite pas le nom de passion, puisqu'ils ne sont plus alors capables de ces entreprises hardies et de ces efforts prodigieux d'esprit qui caractérisent la passion. Le vieillard peut marcher par habitude dans la carriere qu'il s'est ouverte dans la jeunesse, mais il ne s'en ouvriroit pas une nouvelle.

sont des suites nécessaires de l'amour des femmes et de l'envie de leur plaire; le desir même qu'on a d'en imposer aux hommes par les richesses ou les dignités n'est qu'un nouveau moyen de les séduire. Supposons donc qu'un homme né sans bien, mais avide des plaisirs de l'amour, ait vu les femmes se rendre d'autant plus facilement aux desirs d'un amant, que cet amant, plus élevé en dignité, fait réfléchir plus de considération sur elles; qu'excité par la passion des femmes à celle de l'ambition, l'homme dont je parle aspire au poste de général ou de premier ministre; il doit, pour monter à ces places, s'occuper tout entier du soin d'acquérir des talents ou de faire des intrigues. Or le genre de vie propre à former soit un habile intrigant, soit un homme de mérite, est entièrement opposé au genre de vie propre à séduire des femmes, auxquelles on ne plaît communément que par des assiduités incompatibles avec la vie d'un ambitieux. Il est donc certain que, dans la jeunesse, et jusqu'à ce qu'il soit parvenu à ces grandes places où les femmes doivent échanger leurs faveurs contre du crédit, cet homme doit s'arracher à tous ses goûts, et sacrifier presque toujours le plaisir présent à l'espoir des plaisirs à venir. Je dis presque toujours, parceque la route de l'ambition est ordinairement très longue à parcourir. Sans parler de ceux dont l'ambition, accrue aussitôt que satisfaite, remplace toujours un desir rempli par un desir nouveau; qui, de ministres, voudroient être rois; qui, de rois, aspireroient, comme Alexandre, à la monarchie universelle, et voudroient monter sur un trône où les respects de tout l'univers les assurassent que l'univers entier s'occupe de leur bonheur; sans parler, dis-je, de ces hommes extraordinaires, et supposant même de la modération dans l'ambition, il est évident que l'homme dont la passion des femmes aura fait un ambitieux ne parviendra ordinairement aux premiers postes que dans un âge où tous ses desirs seront étouffés.

Mais, ses desirs ne fussent-ils qu'attiédis, à peine cet homme a-t-il atteint ce terme qu'il se trouve placé sur un écueil escarpé et glissant; il se voit de toutes parts en butte aux envieux, qui, prêts à le percer, tiennent autour de lui leurs arcs toujours bandés: alors il découvre avec horreur l'abyme affreux qui s'entr'ouvre; il sent que, dans sa chûte, par un triste apanage de la grandeur, il sera misérable sans être plaint; qu'exposé aux insultes de ceux qu'outrageoit son orgueil il sera l'objet du mépris de ses rivaux, mépris plus cruel encore que les outrages; que, devenu la risée de ses inférieurs, ils s'affranchiront alors de ce tribut de respects dont la jouissance a pu quelquefois lui paroître importune, mais dont la privation est insupportable lorsque l'habitude en a fait un besoin. Il voit donc que, privé du seul plaisir qu'il ait jamais goûté, et réduit à l'abaissement, il ne jouira plus en contemplant ses grandeurs, comme l'avare en contemplant ses richesses, de la possibilité de toutes les jouissances qu'elles peuvent lui procurer.

Cet ambitieux est donc, par la crainte de l'ennui et de la douleur, retenu dans la carriere où l'amour du plaisir l'a fait entrer ; le desir de conserver succede donc en son cœur au desir d'acquérir. Or, l'étendue des soins nécessaires pour se maintenir dans les dignités ou pour y parvenir étant à-peu-près la même, il est évident que cet homme doit passer le temps de la jeunesse et de l'âge mûr à la poursuite ou à la conservation de ces places, uniquement desirées comme des moyens d'acquérir les plaisirs qu'il s'est toujours refusés. C'est ainsi que, parvenu à l'âge où l'on est incapable d'un nouveau genre de vie, il se livre et doit en effet se livrer tout entier à ses anciennes occupations, parcequ'une ame toujours agitée de craintes et d'espérances vives, et sans cesse remuée par de fortes passions, préférera toujours la tourmente de l'ambition au calme insipide d'une vie tranquille. Semblables aux vaisseaux que les flots portent encore sur la côte du midi lorsque les vents du nord n'enflent plus les mers, les hommes suivent dans la vieillesse la direction que les passions leur ont donnée dans la jeunesse.

J'ai fait voir comment, appelé aux grandeurs par la passion des femmes, l'ambitieux s'engage dans une route aride. S'il y rencontre par hasard quelques plaisirs, ces plaisirs sont toujours mêlés d'amertume; il ne les goûte avec délices que parcequ'ils y sont rares et semés çà et là, à-peu-près comme ces arbres qu'on rencontre de loin en loin dans les déserts de la Libye, et dont le feuillage desséché n'offre un ombrage agréable qu'à l'Africain brûlé qui s'y repose.

La contradiction qu'on apperçoit entre la conduite d'un ambitieux et les motifs qui le font agir n'est donc qu'apparente; l'ambition est donc allumée en nous par l'amour du plaisir et la crainte de la douleur. Mais, dira-t-on, si l'avarice et l'ambition sont un effet de la sensibilité physique, du moins l'orgueil n'y prend-il pas sa source.

CHAPITRE XIII.

De l'Orgueil.

L'ORGUEIL n'est dans nous que le sentiment vrai ou faux de notre excellence : sentiment qui, dépendant de la comparaison avantageuse qu'on fait de soi aux autres, suppose par conséquent l'existence des hommes, et même l'établissement des sociétés.

Le sentiment de l'orgueil n'est donc point inné, comme celui du plaisir et de la douleur. L'orgueil n'est donc qu'une passion factice qui suppose la connoissance du beau et de l'excellent. Or l'excellent ou le beau ne sont autre chose que ce que le plus grand nombre des hommes a toujours regardé, estimé et honoré, comme tels. L'idée de l'estimé a donc précédé l'idée de l'estimable. Il est vrai que ces deux idées ont dû bientôt se confondre ensemble. Aussi l'homme qu'anime le noble et superbe desir de se plaire à lui-même, et qui, content de sa propre estime, se croit indifférent à l'opinion générale, est en ce point dupe de son propre orgueil, et prend en lui le desir d'être estimé pour le desir d'être estimable.

L'orgueil, en effet, ne peut jamais être qu'un desir secret et déguisé de l'estime publique. Pourquoi le même homme qui dans les forêts de l'Amérique tire vanité de l'adresse, de la force et de l'agilité de son corps, ne s'enorgueillira-t-il en France de ces avantages corporels qu'au défaut de qualités plus essentielles ? C'est que la force et l'agilité du corps ne sont ni ne doivent être autant estimées d'un Français que d'un Sauvage.

Pour preuve que l'orgueil n'est qu'un amour déguisé de l'estime, supposons un homme uniquement occupé du desir de s'assurer de son excellence et de sa supériorité. Dans cette hypothese, la supériorité la plus personnelle, la plus indépendante du hasard, lui paroîtroit sans doute la plus flatteuse : ayant à choisir entre la gloire des lettres et celle des armes, ce seroit par conséquent à la premiere qu'il donneroit la préférence. Oseroit-il contredire César lui-même ? Ne conviendroit-il pas avec ce héros que les lauriers de la victoire sont par le public éclairé toujours partagés entre le général, le soldat, et le hasard; et qu'au contraire les lauriers des muses appartiennent sans partage à ceux qu'elles inspirent? N'avoueroit-il pas que le hasard a pu souvent placer l'ignorance et la lâcheté sur un char de triomphe, et qu'il n'a jamais couronné le front d'un stupide auteur?

En n'interrogeant que son orgueil, c'est-à-dire le desir de s'assurer de son excellence, il est donc certain que la premiere espece de gloire lui paroîtroit la plus desirable. La préférence qu'on donne au grand capitaine sur le philosophe profond ne changeroit point à cet égard son opinion : il sentiroit que, si le public accorde plus d'estime au général qu'au philosophe, c'est que les talents du premier ont une influence plus prompte sur le bonheur public que les maximes d'un sage, qui ne paroissent immédiatement utiles qu'au petit nombre de ceux qui veulent être éclairés.

Or, s'il n'est cependant en France personne qui ne préférât la gloire des armes à celle des lettres, j'en conclus que ce n'est qu'au desir d'être estimé qu'on doit le desir d'être estimable, et que l'orgueil n'est que l'amour même de l'estime.

Pour prouver ensuite que cette passion de l'orgueil ou de l'estime est un effet de la sensibilité physique, il faut maintenant examiner si l'on desire l'estime pour l'estime même, et si cet amour de l'estime ne seroit pas l'effet de la crainte de la douleur, et de l'amour du plaisir.

A quelle autre cause, en effet, peut-on attribuer l'empressement avec lequel on recherche l'estime publique ? Seroit-ce à la méfiance intérieure que chacun a de son mérite, et par conséquent à l'orgueil, qui, voulant s'estimer, et ne pouvant s'estimer seul, a besoin du suffrage public pour étayer la haute opinion qu'il a de lui-même, et pour jouir du sentiment délicieux de son excellence ?

Mais, si nous ne devions qu'à ce motif le desir de l'estime, alors l'estime la plus étendue, c'est-à-dire celle qui nous seroit accordée par le plus grand nombre d'hommes, nous paroîtroit sans contredit la plus flatteuse et la plus desirable, comme la plus propre à faire taire en nous une méfiance importune, et à nous rassurer sur notre mérite. Or, supposons les planetes habitées par des êtres semblables à nous ; supposons qu'un génie vînt à chaque instant nous informer de ce qui se passe, et qu'un homme eût à choisir entre l'estime de son pays et celle de tous ces mondes célestes ; dans cette supposition, n'est-il pas évident que ce seroit à l'estime la plus étendue, c'est-à-dire à celle de tous les habitants planétaires, qu'il devroit donner la préférence sur celle de ses concitoyens ? Il n'est cependant personne qui dans ce cas ne se déterminât en faveur de l'estime nationale. Ce n'est donc point au desir qu'on a de s'assurer de son mérite qu'on doit le desir de l'estime, mais aux avantages que cette estime procure.

Pour s'en convaincre, qu'on se demande d'où vient l'empressement avec lequel ceux qui se disent le plus jaloux de l'estime publique recherchent les grandes places dans les siecles mêmes où, contrariés par des intrigues et des cabales, ils ne peuvent rien faire d'utile à leur nation ; où par conséquent ils sont exposés à la risée du public, qui, toujours juste dans ses jugements, méprise quiconque est assez indifférent à son estime pour accepter un emploi qu'il ne peut remplir dignement : qu'on se demande encore pourquoi l'on est plus flatté de l'estime d'un prince que de celle d'un homme sans crédit; et l'on verra que dans tous les cas notre amour pour l'estime est proportionné aux avantages qu'elle nous promet.

Si nous préférons à l'estime d'un petit nombre d'hommes choisis celle d'une multitude sans lumiere, c'est que dans une multitude nous voyons plus d'hommes soumis à cette espece d'empire que l'estime donne sur les ames; c'est qu'un plus grand nombre d'admirateurs rappelle plus souvent à notre esprit l'image agréable des plaisirs qu'ils peuvent nous procurer.

C'est la raison pour laquelle, indifférent à l'admiration d'un peuple avec lequel on n'auroit aucune relation, il est peu de Français qui fussent fort touchés de l'estime qu'auroient pour eux les habitants du grand Tibet. S'il est des hommes qui voudroient envahir l'estime universelle, et qui seroient même jaloux de l'estime des terres australes, ce desir n'est pas l'effet d'un plus grand amour pour l'estime, mais seulement de l'habitude qu'ils ont d'unir l'idée d'un plus grand bonheur à l'idée d'une plus grande estime (1).

La derniere et la plus forte preuve

(1) Les hommes sont habitués, par les principes d'une bonne éducation, à confondre l'idée de bonheur avec l'idée d'estime; mais, sous le nom d'estime, ils ne desirent réellement que les avantages qu'elle procure.

de cette vérité c'est le dégoût qu'on a pour l'estime (1), et la disette où l'on est de grands hommes dans les siecles où l'on ne décerne pas les plus grandes récompenses au mérite. Il semble qu'un homme capable d'acquérir de grands talents ou de grandes vertus passe un contrat tacite avec sa nation, par lequel il s'engage à s'illustrer par des talents et des actions utiles à ses concitoyens, pourvu que ses concitoyens reconnoissants, attentifs à le soulager dans ses peines, rassemblent près de lui tous les plaisirs.

C'est de la négligence ou de l'exac-

(1) On fait peu pour mériter l'estime dans les pays où l'estime est stérile; mais, par-tout où l'estime procure de grands avantages, on court, comme Léonidas, défendre, avec trois cents Spartiates, le pas des Thermopyles.

titude du public à remplir ces engagements tacites que dépend, dans tous les siecles et tous les pays, l'abondance ou la rareté des grands hommes.

Nous n'aimons donc pas l'estime pour l'estime, mais uniquement pour les avantages qu'elle procure. En vain voudroit-on s'armer, contre cette conclusion, de l'exemple de Curtius : un fait presque unique ne prouve rien contre des principes appuyés sur les expériences les plus multipliées; surtout lorsque ce même fait peut s'attribuer à d'autres principes, et s'expliquer naturellement par d'autres causes.

Pour former un Curtius il suffit qu'un homme, fatigué de la vie, se trouve dans la malheureuse disposition de corps qui détermine tant d'Anglais au suicide; ou que, dans un siecle très superstitieux, comme celui de Curtius, il naisse un homme qui, plus fanatique et plus crédule encore que les autres, croie par son dévouement obtenir une place parmi les dieux. Dans l'une ou l'autre supposition, on peut se vouer à la mort, ou pour mettre fin à ses miseres, ou pour s'ouvrir l'entrée aux plaisirs célestes.

La conclusion de ce chapitre, c'est qu'on ne desire d'être estimable que pour être estimé, et qu'on ne desire l'estime des hommes que pour jouir des plaisirs attachés à cette estime. L'amour de l'estime n'est donc que l'amour déguisé du plaisir. Or il n'est que deux sortes de plaisirs : les uns sont les plaisirs des sens, et les autres sont les moyens d'acquérir ces mêmes plaisirs ; moyens qu'on a rangés dans la classe des plaisirs, parceque l'espoir d'un plaisir est un commencement de plaisir ; plaisir cependant qui n'existe que lorsque cet espoir peut se réaliser. La sensibilité physique est donc le germe productif de l'orgueil et de toutes les autres passions, dans le nombre desquelles je comprends l'amitié, qui, plus indépendante en apparence du plaisir des sens, mérite d'être examinée, pour confirmer par ce dernier exemple tout ce que j'ai dit de l'origine des passions.

CHAPITRE XIV.

De l'Amitié.

AIMER c'est avoir besoin. Nulle amitié sans besoin : ce seroit un effet sans cause. Les hommes n'ont pas tous les mêmes besoins ; l'amitié est donc entre eux fondée sur des motifs différents. Les uns ont besoin de plaisir ou d'argent, les autres de crédit, ceux-ci de converser, ceux-là de confier leurs peines : en conséquence il est des amis de plaisir, d'argent (1),

---

(1) *On s'est tué* jusqu'à présent à répéter les uns d'après les autres qu'on ne doit pas compter parmi ses amis ceux dont l'amitié intéressée ne nous aime que pour notre argent. Cette sorte d'amitié n'est pas sans doute la plus flatteuse ;

d'intrigue, d'esprit, et de malheur. Rien de plus utile que de considérer

mais ce n'en est pas moins une amitié réelle. Les hommes aiment, par exemple, dans un contrôleur-général la puissance qu'il a d'obliger. Dans la plupart d'entre eux l'amour de la personne s'identifie avec l'amour de l'argent. Pourquoi refuseroit-on le nom d'amitié à cette espece de sentiment? On ne nous aime pas pour nous-mêmes, mais toujours pour quelque cause; et celle-là en vaut bien une autre. Un homme est amoureux d'une femme: peut-on dire qu'il ne l'aime pas, parceque c'est uniquement la beauté de ses yeux ou de son teint qu'il aime en elle? Mais, dira-t-on, à peine l'homme riche est-il tombé dans l'indigence qu'on cesse alors de l'aimer. Oui, sans doute. Mais, que la petite vérole gâte une femme, on rompra communément avec elle, et cette rupture ne prouve pas qu'on ne l'ait point aimée lorsqu'elle étoit belle. Que

l'amitié sous ce point de vue, et de s'en former des idées nettes.

l'ami en qui nous avons le plus de confiance, et dont nous estimons le plus l'ame, l'esprit et le caractere, devienne tout-à-coup aveugle, sourd et muet, nous regretterons en lui la perte de notre ancien ami : nous respecterons encore sa momie; mais, dans le fait, nous ne l'aimons plus, parceque ce n'est pas un tel homme que nous avons aimé. Un contrôleur-général est-il disgracié? on ne l'aime plus : c'est précisément l'ami devenu tout-à-coup aveugle, sourd et muet. Il n'en est pas cependant moins vrai que l'homme avide d'argent n'ait eu beaucoup de tendresse pour celui qui pouvoit lui en procurer. Quiconque a ce besoin d'argent est ami né du contrôle-général et de celui qui l'occupe. Son nom peut être inscrit dans l'inventaire des meubles et ustensiles appartenants à la place. C'est notre vanité qui nous fait refuser le nom

En amitié, comme en amour, on fait souvent des romans : on en cherche par-tout le héros ; on croit à

d'amitié à l'amitié intéressée. Sur quoi j'observerai qu'en fait d'amitié, la plus solide et la plus durable est communément celle des gens vertueux : cependant les scélérats mêmes en sont susceptibles. Si, comme l'on est forcé d'en convenir, l'amitié n'est autre chose que le sentiment qui unit deux hommes, soutenir qu'il n'est point d'amitié entre les méchants c'est nier les faits les plus authentiques. Peut-on douter que deux conspirateurs, par exemple, ne puissent être liés de l'amitié la plus vive ; que Jaffier n'aimât le capitaine Jacques-Pierre ; qu'Octave, qui n'étoit certainement pas un homme vertueux, n'aimât Mécene, qui sûrement n'étoit qu'une ame foible ? La force de l'amitié ne se mesure pas sur l'honnêteté de deux amis, mais sur la force de l'intérêt qui les unit.

chaque instant l'avoir trouvé; on s'accroche au premier venu ; on l'aime tant qu'on le connoît peu et qu'on est curieux de le connoître. La curiosité est-elle satisfaite ? on s'en dégoûte : on n'a point rencontré le héros de son roman. C'est ainsi qu'on devient susceptible d'engouement , mais incapable d'amitié. Pour l'intérêt même de l'amitié, il faut donc en avoir une idée nette.

J'avouerai qu'en la considérant comme un besoin réciproque on ne peut se cacher que, dans un long espace de temps, il est très difficile que le même besoin, et par conséquent la même amitié (1), subsiste

(1) Les circonstances dans lesquelles deux amis doivent se trouver une fois données, et leurs caracteres connus, s'ils doivent se brouiller, nul doute qu'un homme de beaucoup d'esprit, en prédisant l'instant

entre deux hommes. Aussi rien de plus rare que les anciennes amitiés (1).

Mais, si le sentiment de l'amitié, beaucoup plus durable que celui de l'amour, a cependant sa naissance, son accroissement et son dépérisse-

où ces deux hommes cesseront de s'être réciproquement utiles, ne pût calculer le moment de leur rupture, comme l'astronome calcule le moment de l'éclipse.

(1) Il ne faut pas confondre avec l'amitié les liens de l'habitude, le respect estimable qu'on a pour une amitié avouée, et enfin ce point d'honneur heureux et utile à la société qui nous fait continuer à vivre avec ceux qu'on appelle ses amis. On leur rendroit bien les mêmes services qu'on leur eût rendus lorsqu'on étoit affecté pour eux des sentiments les plus vifs; mais, dans le fait, leur présence ne nous est plus nécessaire, et on ne les aime plus.

ment, qui le sait ne passe pas du moins de l'amitié la plus vive à la haine la plus forte, et n'est point exposé à détester ce qu'il a aimé. Un ami vient-il à lui manquer? il ne s'emporte point contre lui ; il gémit sur la nature humaine, et s'écrie, en pleurant, *Mon ami n'a plus les mêmes besoins!*

Il est assez difficile de se faire des idées nettes de l'amitié. Tout ce qui nous environne cherche à cet égard à nous tromper. Parmi les hommes il en est qui, pour se trouver plus estimables à leurs propres yeux, s'exagerent à eux-mêmes leurs sentiments pour leurs amis, se font de l'amitié des descriptions romanesques, et s'en persuadent la réalité, jusqu'à ce que l'occasion, les détrompant eux et leurs amis, leur apprenne qu'ils n'aimoient pas autant qu'ils le pensoient.

Ces sortes de gens prétendent ordinairement avoir le besoin d'aimer et d'être aimés très vivement. Or, comme on n'est jamais si vivement frappé des vertus d'un homme que les premieres fois qu'on le voit; comme l'habitude nous rend insensibles à la beauté, à l'esprit, et même aux qualités de l'ame; et que nous ne sommes enfin fortement émus que par le plaisir de la surprise; un homme d'esprit disoit assez plaisamment à ce sujet que ceux qui veulent être aimés si vivement (1) doivent, en amitié comme en amour, avoir beaucoup de passades, et point de passion ; parceque

(1) L'amitié n'est pas, comme le prétendent certaines gens, un sentiment perpétuel de tendresse, parceque les hommes ne sont rien continument. Entre les amis les plus tendres il y a des moments de froideur. L'amitié est donc une succession

les moments du début, ajoutoit-il, sont, en l'un et l'autre genre, toujours les moments les plus vifs et les plus tendres.

Mais, pour un homme qui se fait illusion à lui-même, il est en amitié dix hypocrites qui affectent des sentimens qu'ils n'éprouvent pas, font des dupes, et ne le sont jamais. Ils peignent l'amitié de couleurs vives, mais fausses. Uniquement attentifs à leur intérêt, ils ne veulent qu'engager les autres à se modeler en leur faveur sur un pareil portrait (1).

continuelle de sentimens de tendresse et de froideur, où ceux de froideur sont très rares.

(1) Peut-être faut-il du courage, et soi-même être capable d'amitié, pour oser en donner une idée nette. On est du moins sûr de soulever contre soi les hypocrites d'amitié. Il en est de ces sortes de

Exposés à tant d'erreurs, il est donc très difficile de se faire des notions nettes de l'amitié. Mais, dira-t-on, quel mal à s'exagérer un peu la force de ce sentiment? Le mal d'habituer gens comme des poltrons qui racontent toujours leurs exploits. Que ceux qui se disent si susceptibles de sentiments d'amitié lisent le *Toxaris* de Lucien; qu'ils se demandent s'ils sont capables des actions que l'amitié faisoit exécuter aux Scythes et aux Grecs. S'ils s'interrogent de bonne foi, ils avoueront que dans ce siecle on n'a pas même d'idée de cette espece d'amitié. Aussi, chez les Scythes et les Grecs, l'amitié étoit-elle mise au rang des vertus. Un Scythe ne pouvoit avoir plus de deux amis; mais, pour les secourir, il étoit en droit de tout entreprendre. Sous le nom d'amitié, c'étoit en partie l'amour de l'estime qui les animoit. La seule amitié n'eût pas été si courageuse.

les hommes à exiger de leurs amis des perfections que la nature ne comporte pas.

Séduits par de pareilles peintures, mais enfin éclairés par l'expérience, une infinité de gens nés sensibles, mais lassés de courir sans cesse après une chimere, se dégoûtent de l'amitié, à laquelle ils eussent été propres s'ils ne s'en fussent pas fait une idée romanesque.

L'amitié suppose un besoin. Plus ce besoin sera vif, plus l'amitié sera forte : le besoin est donc la mesure du sentiment. Qu'échappés du naufrage un homme et une femme se sauvent dans une île déserte; que là, sans espoir de revoir leur patrie, ils soient forcés de se prêter un secours mutuel pour se défendre des bêtes féroces, pour vivre et s'arracher au désespoir : nulle amitié plus vive que celle de cet homme et de cette femme, qui se seroient peut-être détestés s'ils fussent restés à Paris. L'un des deux vient-il à périr ? l'autre a réellement perdu la moitié de lui-même ; nulle douleur égale à sa douleur : il faut avoir habité l'île déserte pour en sentir toute la violence.

Mais, si la force de l'amitié est toujours proportionnée à nos besoins, il est par conséquent des formes de gouvernement, des mœurs, des conditions, et enfin des siecles, plus favorables à l'amitié les uns que les autres.

Dans les siecles de chevalerie, où l'on prenoit un compagnon d'armes, où deux chevaliers faisoient communauté de gloire et de danger, où la lâcheté de l'un pouvoit coûter la vie et l'honneur à l'autre ; alors, devenu par son propre intérêt plus attentif au choix de ses amis, on leur étoit plus fortement attaché.

Lorsque la mode des duels prit la place de la chevalerie, des gens qui tous les jours s'exposoient ensemble à la mort dévoient certainement être fort chers l'un à l'autre. Alors l'amitié étoit en grande vénération, et comptée parmi les vertus : elle supposoit du moins dans les duellistes et les chevaliers beaucoup de loyauté et de valeur; vertus qu'on honoroit beaucoup, et qu'on devoit alors extrêmement honorer, puisque ces vertus étoient presque toujours en action (1).

Il est bon de se rappeler quelquefois

(1) *Brave* étoit alors synonyme d'*honnête homme*; et c'est par un reste de cet ancien usage qu'on dit encore *un brave homme* pour exprimer un homme loyal et honnête.

que les mêmes vertus sont dans les divers temps mises à des taux différents, selon l'inégale utilité dont elles sont à chaque siecle.

Qui doute que, dans des temps de troubles et de révolutions, et dans une forme de gouvernement qui se prête aux factions, l'amitié ne soit plus forte et plus courageuse qu'elle ne l'est dans un état tranquille? L'histoire fournit dans ce genre mille exemples d'héroïsme. Alors l'amitié suppose dans un homme du courage, de la discrétion, de la fermeté, des lumieres, et de la prudence; qualités qui, absolument nécessaires dans ces moments de troubles, et rarement rassemblées dans le même homme, doivent le rendre extrêmement cher à son ami.

Si dans nos mœurs actuelles nous ne demandons plus les mêmes qualités à nos amis (1), c'est que ces qualités nous sont inutiles; c'est qu'on n'a plus de secrets importants à se confier, de combats à livrer, et qu'on n'a par conséquent besoin, ni de la prudence, ni des lumieres, ni de la discrétion, ni du courage, de son ami.

Dans la forme actuelle de notre

(1) Dans ce siecle l'amitié n'exige presque aucune qualité. Une infinité de gens se donnent pour de vrais amis, pour être quelque chose dans le monde. Les uns se font solliciteurs bannaux des affaires d'autrui, pour échapper à l'ennui de n'avoir rien à faire; d'autres rendent des services, mais les font payer à leurs obligés du prix de l'ennui et de la perte de leur liberté; quelques autres enfin se croient très dignes d'amitié, parcequ'ils seront sûrs gardiens d'un dépôt, et qu'ils ont la vertu d'un coffre-fort.

gouvernement, les particuliers ne sont unis par aucun intérêt commun. Pour faire fortune on a moins besoin d'amis que de protecteurs. En ouvrant l'entrée de toutes les maisons, le luxe, et ce qu'on appelle l'esprit de société, a soustrait une infinité de gens au besoin de l'amitié. Nul motif, nul intérêt suffisant pour nous faire maintenant supporter les défauts réels ou respectifs de nos amis. Il n'est donc plus d'amitié (1); on n'attache donc plus au mot d'ami les mêmes idées qu'on y attachoit autrefois; on peut donc en ce siecle s'écrier avec Aristote (2), *O mes amis! il n'est plus d'amis.*

(1) Aussi, dit le proverbe, faut-il se dire beaucoup d'amis, et s'en croire peu.

(2) Chacun répete, d'après Aristote, qu'il n'est point d'amis; et chacun en particulier soutient qu'il est bon ami. Pour

Or, s'il est des siecles, des mœurs, et des formes de gouvernement, où l'on a plus ou moins besoin d'amis; et si la force de l'amitié est toujours proportionnée à la vivacité de ce besoin; il est aussi des conditions où le cœur s'ouvre plus facilement à l'amitié, et ce sont ordinairement celles où l'on a le plus souvent besoin du secours d'autrui.

Les infortunés sont en général les amis les plus tendres. Unis par une communauté de malheur, ils jouissent,

avancer deux propositions si contradictoires, il faut qu'en fait d'amitié il y ait bien des hypocrites et bien des gens qui s'ignorent eux-mêmes.

Ces derniers, comme je l'ai déja dit, s'éleveront contre quelques propositions de ce chapitre. J'aurai contre moi leurs clameurs, et malheureusement j'aurai pour moi l'expérience.

en plaignant les maux de leur ami, du plaisir de s'attendrir sur eux-mêmes.

Ce que je dis des conditions je le dis des caracteres : il en est qui ne peuvent se passer d'amis. Les premiers sont ces caracteres foibles et timides qui dans toute leur conduite ne se déterminent qu'à l'aide et par le conseil d'autrui; les seconds sont ces caracteres mornes, séveres, despotiques, et qui, chauds amis de ceux qu'ils tyrannisent, sont assez semblables à l'une des deux femmes de Socrate, qui, à la mort de ce grand homme, s'abandonna à une douleur plus vive que la seconde, parceque celle-ci, d'un caractere doux et aimable, ne perdoit dans Socrate qu'un mari, lorsque celle-là perdoit en lui le martyr de ses caprices, et le seul homme qui pût les supporter.

Il est enfin des hommes exempts de

toute ambition, de toutes passions fortes, et qui font leurs délices de la conversation des gens instruits. Dans nos mœurs actuelles, les hommes de cette espece, s'ils sont vertueux, sont les amis les plus tendres et les plus constants. Leur ame toujours ouverte à l'amitié en connoît tout le charme. N'ayant, par ma supposition, aucune passion qui puisse contrebalancer en eux ce sentiment, il devient leur unique besoin : aussi sont-ils capables d'une amitié très éclairée et très courageuse, sans qu'elle le soit néanmoins autant que celle des Grecs et des Scythes.

Par la raison contraire, on est en général d'autant moins susceptible d'amitié qu'on est plus indépendant des autres hommes. Aussi les gens riches et puissants sont-ils communément peu sensibles à l'amitié; ils passent même ordinairement pour durs. En effet, soit que les hommes soient naturellement cruels toutes les fois qu'ils peuvent l'être impunément, soit que les riches et les puissants regardent la misere d'autrui comme un reproche de leur bonheur, soit enfin qu'ils veuillent se soustraire aux demandes importunes des malheureux, il est certain qu'ils maltraitent presque toujours le misérable (1). La vue de l'infortuné fait sur la plupart des hommes l'effet de la tête de Méduse : à son aspect les cœurs se changent en rochers.

Il est encore des gens indifférents à l'amitié ; et ce sont ceux qui se suf-

---

(1) La moindre faute qu'il fait est un prétexte suffisant pour lui refuser tout secours : on veut que les malheureux soient parfaits.

fisent à eux-mêmes (1). Accoutumés à chercher, à trouver le bonheur en eux, et d'ailleurs trop éclairés pour goûter encore le plaisir d'être dupes, ils ne peuvent conserver l'heureuse

(1) Il est peu d'hommes dans ce cas: et cette puissance de se suffire à soi-même, dont on fait un attribut de la divinité, et qu'on est forcé de respecter en elle, est toujours mise au rang des vices lorsqu'on la rencontre dans un homme. C'est ainsi qu'on blâme sous un nom ce qu'on admire sous un autre. Combien de fois n'a-t-on pas, sous le nom d'insensibilité, reproché à M. de Fontenelle la puissance qu'il avoit de se suffire à lui-même, c'est-à-dire d'être un des plus sages et des plus heureux des hommes!

Si les grands de Madagascar font la guerre à tous ceux de leurs voisins dont les troupeaux sont plus nombreux que les leurs; s'ils répetent toujours ces paroles, *Ceux-là sont nos ennemis qui*

ignorance de la méchanceté des hommes (ignorance précieuse qui dans la premiere jeunesse resserre si fort les liens de l'amitié) : aussi sont-ils peu sensibles au charme de ce sentiment;

sont plus riches et plus heureux que nous; on peut assurer qu'à leur exemple la plupart des hommes font pareillement la guerre au sage. Ils haïssent en lui une modération de caractere qui, réduisant ses desirs à ses possessions, fait la critique de leur conduite, et rend le sage trop indépendant d'eux. Ils regardent cette indépendance comme le germe de tous les vices, parcequ'ils sentent qu'en eux la source de l'humanité tariroit aussitôt que celle des besoins réciproques.

Ces sages cependant doivent être très chers à la société. Si l'extrême sagesse les rend quelquefois indifférents à l'amitié des particuliers, elle leur fait aussi, comme le prouve l'exemple de l'abbé de S.-Pierre et de Fontenelle, répandre sur l'humanité

non qu'ils n'en soient susceptibles : *Ce sont souvent*, comme l'a dit une femme de beaucoup d'esprit, *moins des hommes insensibles que des hommes désabusés.*

les sentiments de tendresse que les passions vives nous forcent à rassembler sur un seul individu. Bien différent de ces hommes qui ne sont bons que parcequ'ils sont dupes, et dont la bonté diminue à proportion que leur esprit s'éclaire, le seul sage peut être constamment bon, parceque lui seul connoît les hommes. Leur méchanceté ne l'irrite point. Il ne voit en eux, comme Démocrite, que des fous ou des enfants contre lesquels il seroit ridicule de se fâcher, et qui sont plus dignes de pitié que de colere. Il les considere enfin de l'œil dont un méchanicien regarde le jeu d'une machine : sans insulter à l'humanité, il se plaint de la nature qui attache la conservation d'un être à la destruction d'un autre ; qui, pour se

Il résulte de ce que j'ai dit, que la force de l'amitié est toujours proportionnée au besoin que les hommes ont les uns des autres (1), et que ce

nourrir, ordonne à l'autour de fondre sur la colombe, à la colombe de dévorer l'insecte, et qui de chaque être a fait un assassin.

Si les lois seules sont des juges sans humeur, le sage, à cet égard, est comparable aux lois. Son indifférence est toujours juste et toujours impartiale; elle doit être considérée comme une des plus grandes vertus de l'homme en place, qu'un trop grand besoin d'amis nécessite toujours à quelque injustice.

Le sage seul, enfin, peut être généreux, parcequ'il est indépendant. Ceux qu'unissent les liens d'une utilité réciproque ne peuvent être libéraux les uns envers les autres. L'amitié ne fait que des échanges, l'indépendance seule fait des dons.

(1) Si l'on aimoit son ami pour lui-

besoin varie selon la différence des siecles, des mœurs, des formes de gouvernement, des conditions et des caracteres. Mais, dira-t-on, si l'amitié suppose toujours un besoin, ce n'est pas du moins un besoin physique. Qu'est-ce qu'un ami? un parent de notre choix. On desire un ami pour vivre, pour ainsi dire, en lui, pour épancher notre ame dans la sienne, et jouir d'une conversation que la confiance rend toujours délicieuse. Cette passion n'est donc fondée ni sur la crainte de la douleur, ni sur l'amour des plaisirs physiques. Mais, répondrai-je, à quoi tient le

même, nous ne considérerions jamais que son bien-être; on ne lui reprocheroit pas le temps qu'il est sans nous voir ou nous écrire: apparemment, dirions-nous, qu'il s'occupe plus agréablement; et nous nous féliciterions de son bonheur.

charme de la conversation d'un ami? Au plaisir d'y parler de soi. La fortune nous a-t-elle placés dans un état honnête? on s'entretient avec son ami des moyens d'accroître ses biens, ses honneurs, son crédit et sa réputation. Est-on dans la misere? on cherche avec ce même ami les moyens de se soustraire à l'indigence, et son entretien nous épargne du moins dans le malheur l'ennui des conversations indifférentes. C'est donc toujours de ses peines ou de ses plaisirs que l'on parle à son ami. Or, s'il n'est de vrais plaisirs et de vraies peines, comme je l'ai prouvé plus haut, que les plaisirs et les peines physiques; si les moyens de se les procurer ne sont que des plaisirs d'espérance, qui supposent l'existence des premiers, et qui n'en sont, pour ainsi dire, qu'une conséquence; il s'ensuit que l'amitié ; ainsi que l'avarice, l'orgueil, l'ambition et les autres passions, est l'effet immédiat de la sensibilité physique.

Pour derniere preuve de cette vérité, je vais montrer qu'avec le secours de ces mêmes peines et de ces mêmes plaisirs on peut exciter en nous toute espece de passions ; et qu'ainsi les peines et les plaisirs des sens sont le germe productif de tout sentiment.

CHAPITRE XV.

Que la crainte des peines ou le desir des plaisirs physiques peuvent allumer en nous toutes sortes de passions.

Qu'on ouvre l'histoire, et l'on verra que, dans tous les pays où certaines vertus étoient encouragées par l'espoir des plaisirs des sens, ces vertus ont été les plus communes, et ont jeté le plus grand éclat.

Pourquoi les Crétois, les Béotiens, et généralement tous les peuples les plus adonnés à l'amour, ont-ils été les plus courageux ? C'est que dans ces pays les femmes n'accordoient leurs faveurs qu'aux plus braves ; c'est que les plaisirs de l'amour, comme le remarquent Plutarque et Platon, sont les plus propres à élever l'ame des peuples, et la plus digne récompense des héros et des hommes vertueux.

C'étoit vraisemblablement par ce motif que le sénat romain, vil flatteur de César, voulut, au rapport de quelques historiens, lui accorder par une loi expresse le droit de jouissance sur toutes les dames romaines : c'est aussi ce qui, suivant les mœurs grecques, faisoit dire à Platon que le plus beau devoit, au sortir du combat, être la récompense du plus vaillant; projet dont Épaminondas avoit eu quelque idée, puisqu'il rangea, à la bataille de Leuctres, l'amant à côté de la maîtresse ; pratique qu'il regarda toujours comme très propre à assurer les succès militaires. Quelle puissance en effet n'ont pas sur nous les plaisirs des sens! Ils firent du bataillon sacré des Thébains un bataillon invincible; ils inspiroient le plus grand courage aux peuples anciens, lorsque les vainqueurs partageoient entre eux les richesses et les femmes des vaincus; ils formerent enfin le caractere de ces vertueux Samnites chez qui la plus grande beauté étoit le prix de la plus grande vertu.

Pour s'assurer de cette vérité par un exemple plus détaillé, qu'on examine par quels moyens le fameux Lycurgue porta dans le cœur de ses concitoyens l'enthousiasme et, pour ainsi dire, la fievre de la vertu; et l'on verra que, si nul peuple ne surpassa les Lacédémoniens en courage, c'est que nul peuple n'honora davantage la vertu, et ne sut mieux récompenser la valeur. Qu'on se rappelle ces fêtes solemnelles où, conformément aux lois de Lycurgue, les belles et jeunes Lacédémoniennes s'avançoient, demi-nues, en dansant, dans l'assemblée du peuple. C'étoit là qu'en présence de la nation elles insultoient par des traits satyriques ceux qui avoient marqué quelque foiblesse à la guerre, et qu'elles célébroient par leurs chansons les jeunes guerriers qui s'étoient signalés par quelques exploits éclatants. Or qui doute que le lâche, en butte devant tout un peuple aux railleries ameres de ces jeunes filles, en proie aux tourments de la honte et de la confusion, ne dût être dévoré du plus cruel repentir? Quel triomphe, au contraire, pour le jeune héros qui recevoit la palme de la gloire des mains de la beauté, qui lisoit l'estime sur le front des vieillards, l'amour dans les yeux de ces jeunes filles, et l'assurance de ces faveurs dont l'espoir seul est un plaisir ! Peut-on douter qu'alors ce jeune guerrier ne fût ivre de vertu ? Aussi les Spartiates, toujours impatients de combattre, se précipitoient avec fureur dans les bataillons ennemis; et, de toute part environnés de la mort, ils n'envisageoient autre chose que la gloire. Tout concouroit dans cette législation à métamorphoser les hommes en héros. Mais, pour l'établir, il falloit que Lycurgue, convaincu que le plaisir est le moteur unique et universel des hommes, eût senti que les femmes, qui par-tout ailleurs sembloient, comme les fleurs d'un beau jardin, n'être faites que pour l'ornement de la terre et le plaisir des yeux, pouvoient être employées à un plus noble usage ; que ce sexe, avili et dégradé chez presque tous les peuples du monde, pouvoit entrer en communauté de gloire avec les hommes, partager avec eux les lauriers qu'il leur faisoit cueillir, et devenir enfin un des plus puissants ressorts de la législation.

En effet, si le plaisir de l'amour est pour les hommes le plus vif des plaisirs, quel germe fécond de courage renfermé dans ce plaisir! et quelle ardeur pour la vertu ne peut point inspirer le desir des femmes (1)!

Qui s'examinera sur ce point sentira que, si l'assemblée des Spartiates eût été plus nombreuse, qu'on y eût couvert le lâche de plus d'ignominie, qu'il eût été possible d'y rendre encore plus de respect et d'hommages

(1) Dans quel affreux danger David lui-même ne se précipita-t-il pas, lorsque, pour obtenir Michol, il s'obligea de couper et d'apporter à Saül les prépuces de deux cents Philistins!

à la valeur, Sparte auroit porté plus loin encore l'enthousiasme de la vertu.

Supposons, pour le prouver, que, pénétrant, si je l'ose dire, plus avant dans les vues de la nature, on eût imaginé qu'en ornant les belles femmes de tant d'attraits, en attachant le plus grand plaisir à leur jouissance, la nature eût voulu en faire la récompense de la plus haute vertu : supposons encore qu'à l'exemple de ces vierges consacrées à Isis ou à Vesta, les plus belles Lacédémoniennes eussent été consacrées au mérite; que, présentées nues dans les assemblées, elles eussent été enlevées par les guerriers comme le prix du courage; et que ces jeunes héros eussent au même instant éprouvé la double ivresse de l'amour et de la gloire : quelque bizarre et quelque éloignée de nos mœurs que soit cette législation, il est certain qu'elle eût encore rendu les Spartiates plus vertueux et plus vaillants, puisque la force de la vertu est toujours proportionnée au degré de plaisir qu'on lui assigne pour récompense.

Je remarquerai à ce sujet que cette coutume, si bizarre en apparence, est en usage au royaume de Bisnagar, dont Narsingue est la capitale. Pour élever le courage de ses guerriers, le roi de cet empire, au rapport des voyageurs, achete, nourrit, et habille de la maniere la plus galante et la plus magnifique, des femmes uniquement destinées aux plaisirs des guerriers qui se sont signalés par quelques hauts faits. Par ce moyen il inspire le plus grand courage à ses sujets; il attire à sa cour tous les guerriers des peuples voisins, qui, flattés de l'espoir de jouir de ces belles femmes, abandonnent leur pays, et s'établissent à Narsingue, où ils ne se nourrissent que de la chair des lions et des tigres, et ne s'abreuvent que du sang de ces animaux (1).

Il résulte des exemples ci-dessus apportés que les peines et les plaisirs

(1) Les femmes, chez les Gélons, étoient obligées par la loi à faire tous les ouvrages de force, comme de bâtir les maisons, et de cultiver la terre: mais, en dédommagement de leurs peines, la même loi leur accordoit cette douceur, de pouvoir coucher avec tout guerrier qui leur étoit agréable. Les femmes étoient fort attachées à cette loi. Voyez Bardezanes, cité par Eusebe dans sa *Préparation évangélique.*

Les Floridiens ont la composition d'un breuvage très fort et très agréable; mais ils n'en présentent jamais qu'à ceux de leurs guerriers qui se sont signalés par des actions d'un grand courage. *Recueil des Lettres édifiantes.*

des sens peuvent nous inspirer toute espece de passions, de sentiments et de vertus. C'est pourquoi, sans avoir recours à des siecles ou des pays éloignés, je citerai pour derniere preuve de cette vérité ces siecles de chevalerie où les femmes enseignoient à-la-fois aux apprentifs chevaliers l'art d'aimer et le catéchisme.

Si dans ces temps, comme le remarque Machiavel, et lors de leur descente en Italie, les Français parurent si courageux et si terribles à la postérité des Romains, c'est qu'ils étoient animés de la plus grande valeur. Comment ne l'eussent-ils pas été ? Les femmes, ajoute cet historien, n'accordoient leurs faveurs qu'aux plus vaillants d'entre eux. Pour juger du mérite d'un amant, et de sa tendresse, les preuves qu'elles exigeoient, c'étoit de faire des prisonniers à la guerre, de tenter une escalade, ou d'enlever un poste aux ennemis. Elles aimoient mieux voir périr que voir fuir leur amant. Un chevalier étoit alors obligé de combattre pour soutenir et la beauté de sa dame et l'excès de sa tendresse. Les exploits des chevaliers étoient le sujet perpétuel des conversations et des romans. Partout on recommandoit la galanterie. Les poëtes vouloient qu'au milieu des combats et des dangers un chevalier eût toujours le portrait de sa dame présent à sa mémoire. Dans les tournois, avant que de sonner la charge, ils vouloient qu'il tînt les yeux sur sa maîtresse, comme le prouve cette ballade :

> Servants d'amour, regardez doucement,
> Aux eschaffauds, anges de paradis;
> Lors jousterez fort et joyeusement,
> Et vous serez honorez et chéris.

Tout alors prêchoit l'amour. Et quel ressort plus puissant pour mouvoir les ames? La démarche, les regards, les moindres gestes de la beauté, ne sont-ils pas le charme et l'ivresse des sens? Les femmes ne peuvent-elles pas à leur gré créer des ames et des corps dans les imbéciles et les foibles? La Phénicie n'a-t-elle pas, sous le nom de Vénus ou d'Astarté, élevé des autels à la beauté?

Ces autels ne pouvoient être abattus que par notre religion. Quel objet (pour qui n'est pas éclairé des rayons de la foi) est en effet plus digne de notre adoration que celui auquel le ciel a confié le dépôt précieux du plus vif de nos plaisirs? plaisirs dont la jouissance seule peut nous faire supporter avec délices le pénible fardeau de la vie, et nous consoler du malheur d'être.

La conclusion générale de ce que j'ai dit sur l'origine des passions, c'est que la douleur et le plaisir des sens font agir et penser les hommes, et sont les seuls contrepoids qui meuvent le monde moral.

Les passions sont donc en nous l'effet immédiat de la sensibilité physique. Or tous les hommes sont sensibles et susceptibles de passions; tous, par conséquent, portent en eux le germe productif de l'esprit. Mais, dira-t-on, s'ils sont sensibles, ils ne le sont peut-être pas tous au même degré. On voit, par exemple, des nations entieres indifférentes à la passion de la gloire et de la vertu. Or, si les hommes ne sont pas susceptibles de passions aussi fortes, tous ne sont pas capables de cette même continuité d'attention qu'on doit regarder comme la cause de la grande inégalité de leurs lumieres : d'où il résulte que la nature n'a pas donné à tous les hommes d'égales dispositions à l'esprit.

Pour répondre à cette objection il n'est pas nécessaire d'examiner si tous les hommes sont également sensibles: cette question, peut-être plus difficile à résoudre qu'on ne l'imagine, est d'ailleurs étrangere à mon sujet. Ce que je me propose, c'est d'examiner si tous les hommes ne sont pas du moins susceptibles de passions assez fortes pour les douer de l'attention continue à laquelle est attachée la supériorité d'esprit.

C'est à cet effet que je réfuterai d'abord l'argument tiré de l'insensibilité de certaines nations aux passions de la gloire et de la vertu ; argument par lequel on croit prouver que tous les hommes ne sont pas susceptibles de passions. Je dis donc que l'insensibilité de ces nations ne doit point être attribuée à la nature, mais à des causes accidentelles, telles que la forme différente des gouvernements.

CHAPITRE XVI.

A quelle cause on doit attribuer l'indifférence de certains peuples pour la vertu.

Pour savoir si c'est de la nature ou de la forme particuliere des gouvernements que dépend l'indifférence de certains peuples pour la vertu, il faut d'abord connoître l'homme; pénétrer jusques dans l'abyme du cœur humain; se rappeler que, né sensible à la douleur et au plaisir, c'est à la sensibilité physique que l'homme doit ses passions, et à ses passions qu'il doit tous ses vices et toutes ses vertus.

Ces principes posés, pour résoudre la question ci-dessus proposée, il faut examiner ensuite si les mêmes passions, modifiées selon les différentes formes de gouvernement, ne produiroient point en nous les vices et les vertus contraires.

Qu'un homme soit assez amoureux de la gloire pour y sacrifier toutes ses autres passions : si, par la forme du gouvernement, la gloire est toujours le prix des actions vertueuses, il est évident que cet homme sera toujours nécessité à la vertu, et que, pour en faire un Léonidas, un Horatius Coclès, il ne faut que le placer dans un pays et dans des circonstances pareilles.

Mais, dira-t-on, il est peu d'hommes qui s'élèvent à ce degré de passion. Aussi, répondrai-je, n'est-ce que l'homme fortement passionné qui pénetre jusqu'au sanctuaire de la vertu. Il n'en est pas ainsi de ces hommes incapables de passions vives, et qu'on appelle *honnêtes*. Si, loin de ce sanctuaire, ces derniers cependant sont toujours retenus par les liens de la paresse dans le chemin de la vertu, c'est qu'ils n'ont pas même la force de s'en écarter.

La vertu du premier est la seule vertu éclairée et active : mais elle ne croît, ou du moins ne parvient à un certain degré de hauteur, que dans les républiques guerrieres ; parceque c'est uniquement dans cette forme de gouvernement que l'estime publique nous éleve le plus au-dessus des autres hommes, qu'elle nous attire plus de respects de leur part, qu'elle est le plus flatteuse, le plus desirable, et le plus propre enfin à produire de grands effets.

La vertu des seconds, entée sur la paresse, et produite, si je l'ose dire, par l'absence des passions fortes, n'est qu'une vertu passive, qui, peu éclairée, et par conséquent très dangereuse dans les premieres places, est d'ailleurs assez sûre. Elle est commune à tous ceux qu'on appelle *honnêtes gens*, plus estimables par les maux qu'ils ne font pas que par les biens qu'ils font.

A l'égard des hommes passionnés que j'ai cités les premiers, il est évident que le même desir de gloire qui dans les premiers siecles de la république romaine en eût fait des Curtius et des Décius, en devoit faire des Marius et des Octaves dans ces moments de troubles et de révolutions où la gloire étoit, comme dans les derniers temps de la république, uniquement attachée à la tyrannie et à la puissance.

Ce que je dis de la passion de la gloire, je le dis de l'amour de la considération, qui n'est qu'un diminutif de l'amour de la gloire, et l'objet des desirs de ceux qui ne peuvent atteindre à la renommée.

Ce desir de la considération doit pareillement produire en des siecles différents des vices et des vertus contraires. Lorsque le crédit a le pas sur le mérite, ce desir fait des intrigants et des flatteurs ; lorsque l'argent est plus honoré que la vertu, il produit des avares qui recherchent les richesses avec le même empressement que les premiers Romains les fuyoient lorsqu'il étoit honteux de les posséder : d'où je conclus que, dans des mœurs et des gouvernements différents, le même desir doit produire des Cincinnatus, des Papyrius, des Crassus, et des Séjans.

A ce sujet je ferai remarquer en passant quelle différence on doit mettre entre les ambitieux de gloire et les ambitieux de places ou de richesses. Les premiers ne peuvent jamais être que de grands criminels; parceque les grands crimes, par la supériorité des talents nécessaires pour les exécuter, et le grand prix attaché aux succès, peuvent seuls en imposer assez à l'imagination des hommes pour ravir leur admiration; admiration fondée en eux sur un desir intérieur et secret de ressembler à ces illustres coupables. Tout homme amoureux de la gloire est donc incapable de tous les petits crimes. Si cette passion fait des Cromwels, elle ne fait jamais des Cartouches. D'où je conclus que, sauf les positions rares et extraordinaires où se sont trouvés les Sylla et les César, dans toute autre position ces mêmes hommes, par la nature même de leurs passions, fussent restés fideles à la vertu; bien différents en ce point de ces intrigants et de ces avares que la bassesse et l'obscurité de leurs crimes met journellement dans l'occasion d'en commettre de nouveaux.

Après avoir montré comment la même passion qui nous nécessite à l'amour et à la pratique de la vertu peut, en des temps et des gouvernements différents, produire en nous des vices contraires, essayons maintenant de percer plus avant dans le cœur humain, et de découvrir pourquoi, dans quelque gouvernement que ce soit, l'homme, toujours incertain dans sa conduite, est, par ses passions, déterminé tantôt aux bonnes, tantôt aux mauvaises actions; et pourquoi son cœur est une arène toujours ouverte à la lutte du vice et de la vertu.

Pour résoudre ce problême moral il faut chercher la cause du trouble et du repos successif de la conscience, de ces mouvements confus et divers de l'ame, et enfin de ces combats intérieurs que le poëte tragique ne présente avec tant de succès au théâtre que parceque les spectateurs en ont tous éprouvé de semblables : il faut se demander quels sont ces deux *moi* que Pascal et quelques philosophes indiens ont reconnus en eux (1).

Pour découvrir la cause universelle de tous ces effets il suffit d'observer

(1) Dans l'école de Védantam, les brachmanes de cette secte enseignent qu'il y a deux principes; l'un positif, qui est le *moi*; l'autre négatif, auquel ils donnent le nom de *maya*, c'est-à-dire *du moi*, c'est-à-dire *erreur*. La sagesse

que les hommes ne sont point mus par une seule espece de sentiment; qu'il n'en est aucun d'exactement animé de ces passions solitaires qui remplissent toute la capacité d'une ame; qu'entraîné tour-à-tour par des passions différentes, dont les unes sont conformes et les autres contraires à l'intérêt général, chaque homme est soumis à deux attractions différentes, dont l'une le porte au vice, et l'autre à la vertu. Je dis chaque homme, parcequ'il n'y a point de probité plus universellement reconnue que celle de Caton et de Brutus, parcequ'aucun homme ne peut se flatter d'être plus vertueux que ces

consiste à se délivrer du *maya*, en se persuadant, par une application constante, qu'on est l'*être unique, éternel, infini*. La clef de la délivrance est dans ces paroles, *Je suis l'être suprême.*

deux Romains. Cependant le premier, surpris par un mouvement d'avarice, fit quelques vexations dans son gouvernement; et le second, touché des prieres de sa fille, obtint du sénat, en faveur de Bibulus son gendre, une grace qu'il avoit fait refuser à Cicéron son ami, comme contraire à l'intérêt de la république. Voilà la cause de ce mêlange de vice et de vertu qu'on apperçoit dans tous les cœurs, et pourquoi sur la terre il n'est point de vice ni de vertu pure.

Pour savoir maintenant ce qui fait donner à un homme le nom de vertueux ou de vicieux, il faut observer que, parmi les passions dont chaque homme est animé, il en est nécessairement une qui préside principalement à sa conduite, et qui dans son ame l'emporte sur toutes les autres.

Or, selon que cette derniere y

commande plus ou moins impérieusement, et qu'elle est, par sa nature ou par les circonstances, utile ou nuisible à l'état, l'homme plus souvent déterminé au bien ou au mal reçoit le nom de vertueux ou de vicieux. J'ajouterai seulement que la force de ses vices ou de ses vertus sera toujours proportionnée à la vivacité de ses passions, dont la force se mesure sur le degré de plaisir qu'il trouve à les satisfaire. Voilà pourquoi, dans la premiere jeunesse, âge où l'on est plus sensible au plaisir et capable de passions plus fortes, on est en général capable de plus grandes actions.

La plus haute vertu, comme le vice le plus honteux, est en nous l'effet du plaisir plus ou moins vif que nous trouvons à nous y livrer.

Aussi n'a-t-on de mesure précise de

sa vertu qu'après avoir découvert, par un examen scrupuleux, le nombre et les degrés de peines qu'une passion telle que l'amour de la justice ou la gloire peut nous faire supporter. Celui pour qui l'estime est tout et la vie n'est rien subira, comme Socrate, plutôt la mort que de demander lâchement la vie. Celui qui devient l'ame d'un état républicain, que l'orgueil et la gloire rendent passionné pour le bien public, préfere; comme Caton, la mort à l'humiliation de voir lui et sa patrie asservis à une autorité arbitraire. Mais de telles actions sont l'effet du plus grand amour pour la gloire. C'est à ce dernier terme qu'atteignent les plus fortes passions, et à ce même terme que la nature a posé les bornes de la vertu humaine.

En vain voudroit-on se le dissimuler à soi-même ; on devient nécessairement l'ennemi des hommes lorsqu'on ne peut être heureux que par leur infortune (1). C'est l'heureuse conformité qui se trouve entre notre intérêt et l'intérêt public, conformité ordinairement produite par le desir de l'estime, qui nous donne pour les hommes ces sentiments tendres dont leur affection est la récompense. Celui qui pour être vertueux auroit toujours ses penchants à vaincre seroit nécessairement un malhonnête homme. Les vertus méritoires ne sont jamais des vertus sûres (2). Il est im-

(1) *Secundum id quod amplius nos delectat operemur necesse est*, dit S. Augustin.

(2) Dans le harem, ce n'est point aux vertus méritoires, mais à l'impuissance, que le grand-seigneur donne ses femmes à garder.

possible dans la pratique de livrer, pour ainsi dire, tous les jours des batailles à ses passions sans en perdre un grand nombre.

Toujours forcé de céder à l'intérêt le plus puissant, quelque amour qu'on ait pour l'estime, on n'y sacrifie jamais des plaisirs plus grands que ceux qu'elle procure. Si, dans certaines occasions, de saints personnages se sont quelquefois exposés au mépris du public, c'est qu'ils ne vouloient pas sacrifier leur salut à leur gloire. Si quelques femmes résistent aux empressements d'un prince, c'est qu'elles ne se croient pas dédommagées par sa conquête de la perte de leur réputation : aussi en est-il peu d'insensibles à l'amour d'un roi, presque aucune qui ne cede à l'amour d'un roi jeune et charmant, et nulle qui pût résister à ces êtres bienfaisants, aimables et puissants, tels qu'on nous peint les sylphes et les génies, qui, par mille enchantements, pourroient à-la-fois enivrer tous les sens d'une mortelle.

Cette vérité, fondée sur le sentiment de l'amour de soi, est non seulement reconnue, mais même avouée des législateurs.

Convaincus que l'amour de la vie étoit en général la plus forte passion des hommes, les législateurs n'ont en conséquence jamais regardé comme criminel, ou l'homicide commis à son corps défendant, ou le refus que feroit un citoyen de se vouer, comme Décius, à la mort, pour le salut de sa patrie.

L'homme vertueux n'est donc point celui qui sacrifie ses plaisirs, ses habitudes et ses plus fortes passions, à l'intérêt public, puisqu'un tel homme est impossible (1); mais celui dont la plus forte passion est tellement conforme à l'intérêt général, qu'il est presque toujours nécessité à la vertu. C'est pourquoi l'on approche d'autant plus de la perfection et l'on mérite d'autant plus le nom de vertueux, qu'il faut, pour nous déterminer à une action malhonnête ou criminelle, un plus grand motif de plaisir, un intérêt plus puissant, plus capable d'enflammer nos desirs, et qui suppose

(1) S'il est des hommes qui semblent avoir sacrifié leur intérêt à l'intérêt public, c'est que l'idée de vertu est, dans une bonne forme de gouvernement, tellement unie à l'idée de bonheur, et l'idée de vice à l'idée de mépris, qu'emporté par un sentiment vif, dont on n'a pas toujours l'origine présente, on doit faire par ce motif des actions souvent contraires à son intérêt.

par conséquent en nous plus de passion pour l'honnêteté.

César n'étoit pas sans doute un des Romains les plus vertueux : cependant, s'il ne put renoncer au titre de bon citoyen qu'en prenant celui de maître du monde, peut-être n'est-on pas en droit de la bannir de la classe des hommes honnêtes. En effet, parmi les hommes vertueux, et réellement dignes de ce titre, combien est-il d'hommes qui, placés dans les mêmes circonstances, refusassent le sceptre du monde, sur-tout s'ils se sentoient, comme César, doués de ces talents supérieurs qui assurent le succès des grandes entreprises? Moins de talent les rendroit peut-être meilleurs citoyens; une médiocre vertu, soutenue de plus d'inquiétudes sur le succès, suffiroit pour les dégoûter d'un projet si hardi. C'est quelquefois un défaut de talent qui nous préserve d'un vice; c'est souvent à ce même défaut qu'on doit le complément de ses vertus.

On est, au contraire, d'autant moins honnête qu'il faut pour nous porter au crime des motifs de plaisirs moins puissants. Tel est, par exemple, celui de quelques empereurs de Maroc qui, uniquement pour faire parade de leur adresse, enlevent d'un seul coup de sabre, en se mettant en selle, la tête de leur écuyer.

Voilà ce qui différencie de la maniere la plus nette, la plus précise, et la plus conforme à l'expérience, l'homme vertueux de l'homme vicieux : c'est sur ce plan que le public feroit un thermometre exact; où seroient marqués les divers degrés de vice ou de vertu de chaque citoyen, si, perçant au fond des cœurs, il pouvoit y découvrir le prix que chacun met à sa vertu. L'impossibilité de parvenir à cette connoissance l'a forcé à ne juger des hommes que par leurs actions; jugement extrêmement fautif dans quelques cas particuliers, mais en total assez conforme à l'intérêt général, et presque aussi utile que s'il étoit plus juste.

Après avoir examiné le jeu des passions, expliqué la cause du mélange de vices et de vertus qu'on apperçoit dans tous les hommes, avoir posé la borne de la vertu humaine, et fixé enfin l'idée qu'on doit attacher au mot *vertueux*, on est maintenant en état de juger si c'est à la nature ou à la législation particuliere de quelques états qu'on doit attribuer l'indifférence de certains peuples pour la vertu.

Si le plasir est l'unique objet de la recherche des hommes, pour leur inspirer l'amour de la vertu il ne faut qu'imiter la nature : le plaisir en annonce les volontés, la douleur les défenses ; et l'homme lui obéit avec docilité. Armé de la même puissance, pourquoi le législateur ne produiroit-il pas les mêmes effets ? Si les hommes étoient sans passions, nul moyen de les rendre bons : mais l'amour du plaisir, contre lequel se sont élevés des gens d'une probité plus respectable qu'éclairée, est un frein avec lequel on peut toujours diriger au bien général les passions des particuliers. La haine de la plupart des hommes pour la vertu n'est donc pas l'effet de la corruption de leur nature, mais de l'imperfection de la législation (1).

(1) Si les voleurs sont aussi fideles aux conventions faites entre eux que les honnêtes gens, c'est que le danger commun qui les unit les y nécessite. C'est par ce

C'est la législation, si je l'ose dire, qui nous excite au vice, en y amalgamant trop souvent le plaisir. Le grand art du législateur est l'art de les désunir, et de ne laisser aucune proportion entre l'avantage que le scélérat retire du crime, et la peine à laquelle il s'expose. Si parmi les gens riches, souvent moins vertueux que les indigents, on voit peu de voleurs et d'assassins, c'est que le profit du vol n'est jamais, pour un homme riche, proportionné au risque du

même motif qu'on acquitte si scrupuleusement les dettes du jeu, et qu'on fait si impudemment banqueroute à ses créanciers. Or, si l'intérêt fait faire aux coquins ce que la vertu fait faire aux honnêtes gens, qui doute qu'en maniant habilement le principe de l'intérêt un législateur éclairé ne pût nécessiter tous les hommes à la vertu ?

supplice. Il n'en est pas ainsi de l'indigent: cette disproportion se trouvant infiniment moins grande à son égard, il reste, pour ainsi dire, en équilibre entre le vice et la vertu. Ce n'est pas que je prétende insinuer ici qu'on doive mener les hommes avec une verge de fer. Dans une excellente législation, et chez un peuple vertueux, le mépris, qui prive un homme de tout consolateur, qui le laisse isolé au milieu de sa patrie, est un motif suffisant pour former des ames vertueuses. Toute autre espece de châtiment rend l'homme timide, lâche et stupide. L'espece de vertu qu'engendre la crainte des supplices se ressent de son origine; cette vertu est pusillanime et sans lumiere : ou plutôt la crainte n'étouffe que des vices, et ne produit point de vertus. La vraie vertu est fondée sur le desir de l'estime et de la gloire, et sur l'horreur du mépris, plus effrayant que la mort même. J'en prends pour exemple la réponse que le *Spectateur anglais* fait faire à Pharamond par un soldat duelliste à qui ce prince reprochoit d'avoir contrevenu à ses ordres : « Comment, lui répondit-il, m'y « serois-je soumis ? Tu ne punis que « de mort ceux qui les violent, et tu « punis d'infamie ceux qui y obéis- « sent. Apprends que je crains moins « la mort que le mépris. »

Je pourrois conclure de ce que j'ai dit que ce n'est point de la nature, mais de la différente constitution des états, que dépend l'amour ou l'indifférence de certains peuples pour la vertu ; mais, quelque juste que fût cette conclusion, elle ne seroit cependant pas assez prouvée, si, pour jeter plus de jour sur cette matiere, je ne cherchois plus particulièrement dans les gouvernements, ou libres ou despotiques, les causes de ce même amour ou de cette même indifférence pour la vertu. Je m'arrêterai d'abord au despotisme ; et, pour en mieux connoître la nature, j'examinerai quel motif allume dans les hommes ce desir effréné d'un pouvoir arbitraire, tel qu'on l'exerce dans l'Orient.

Si je choisis l'Orient pour exemple, c'est que l'indifférence pour la vertu ne se fait constamment sentir que dans les gouvernements de cette espece. En vain quelques nations voisines et jalouses nous accusent-elles déja de ployer sous le joug du despotisme oriental : je dis que notre religion ne permet pas aux princes d'usurper un pareil pouvoir; que notre constitution est monarchique et non despotique; que les particuliers ne peuvent en conséquence être dépouillés de propriété que par la loi, et non par une volonté arbitraire; que nos princes prétendent au titre de monarque, et non à celui de despote; qu'ils reconnoissent des lois fondamentales dans le royaume; qu'ils se déclarent les peres et non les tyrans de leurs sujets. D'ailleurs le despotisme ne pourroit s'établir en France qu'elle ne fût bientôt subjuguée. Il n'en est pas de ce royaume comme de la Turquie, de la Perse, de ces empires défendus par de vastes déserts, et dont l'immense étendue, suppléant à la dépopulation qu'occasionne le despotisme, fournit toujours des armées au sultan. Dans un pays resserré comme le nôtre, et environné de nations éclairées et puissantes, les ames ne seroient pas impunément avilies.

La France, dépeuplée par le despotisme, seroit bientôt la proie de ces nations. En chargeant de fers les mains de ses sujets, le prince ne les soumettroit au joug de l'esclavage que pour subir lui-même le joug des princes ses voisins. Il est donc impossible qu'il forme un pareil projet.

CHAPITRE XVII.

Du desir que tous les hommes ont d'être despotes, des moyens qu'ils emploient pour y parvenir, et du danger auquel le despotisme expose les rois.

CE desir prend sa source dans l'amour du plaisir, et par conséquent dans la nature même de l'homme.

Chacun veut être le plus heureux qu'il est possible; chacun veut être revêtu d'une puissance qui force les hommes à contribuer de tout leur pouvoir à son bonheur : c'est pour cet effet qu'on veut leur commander.

Or l'on régit les peuples, ou selon des lois et des conventions établies, ou par une volonté arbitraire. Dans le premier cas, notre puissance sur eux est moins absolue ; ils sont moins nécessités à nous plaire : d'ailleurs, pour gouverner un peuple selon ses lois, il faut les connoître, les méditer, supporter des études pénibles, auxquelles la paresse veut toujours se soustraire. Pour satisfaire cette paresse, chacun aspire donc au pouvoir absolu, qui, le dispensant de tout soin, de toute étude et de toute fatigue d'attention, soumet servilement les hommes à ses volontés.

Selon Aristote, le gouvernement despotique est celui où tout est esclave, où l'on ne trouve qu'un homme de libre.

Voilà par quel motif chacun veut être despote. Pour l'être, il faut abaisser la puissance des grands et du peuple, et diviser par conséquent les intérêts des citoyens. Dans une longue suite de siecles le temps en fournit toujours l'occasion aux souverains, qui, presque toujours animés d'un intérêt plus actif que bien entendu, la saisissent avec avidité.

C'est sur cette anarchie des intérêts que s'est établi le despotisme oriental, assez semblable à la peinture que Milton fait de l'empire du chaos, qui, dit-il, étend son pavillon royal sur un gouffre aride et désolé, où la confusion, entrelacée dans elle-même, entretient l'anarchie et la discorde des éléments, et gouverne chaque atome avec un sceptre de fer.

La division une fois semée entre les citoyens, il faut, pour avilir et dégrader les ames, faire sans cesse étinceler aux yeux des peuples le glaive de la tyrannie, mettre les vertus au rang des crimes, et les punir comme tels. A quelles cruautés ne s'est point en ce genre porté le despotisme, non seulement en Orient, mais même sous les empereurs romains! Sous le regne de Domitien, dit Tacite, les vertus étoient des arrêts de mort. Rome n'étoit remplie que de délateurs; l'esclave étoit l'espion de son maître, l'affranchi de son patron, l'ami de son ami. Dans ces siecles de calamité l'homme vertueux ne conseilloit pas le crime, mais il étoit forcé de s'y prêter. Plus de courage eût été mis au rang des forfaits. Chez les

Romains avilis, la foiblesse étoit un héroïsme. On vit sous ce regne punir, dans Sénécion et Rusticus, les panégyristes des vertus de Thraséa et d'Helvidius; ces illustres orateurs traités de criminels d'état, et leurs ouvrages brûlés par l'autorité publique. On vit des écrivains célebres, tels que Pline, réduits à composer des ouvrages de grammaire, parceque tout genre d'ouvrage plus élevé étoit suspect à la tyrannie, et dangereux pour son auteur. Les savants, attirés à Rome par les Auguste, les Vespasien, les Antonins et les Trajan, en étoient bannis par les Néron, les Caligula, les Domitien et les Caracalla. On chassa les philosophes; on proscrivit les sciences. Ces tyrans vouloient anéantir, dit Tacite, tout ce qui portoit l'empreinte de l'esprit et de la vertu.

C'est en tenant ainsi les ames dans

les angoisses perpétuelles de la crainte que la tyrannie sait les avilir; c'est elle qui dans l'Orient invente ces tortures, ces supplices si cruels (1); supplices quelquefois nécessaires dans ces pays abominables, parceque les peuples y sont excités aux forfaits, non seulement par leur misere, mais encore par le sultan, qui leur donne l'exemple du crime, et leur apprend à mépriser la justice.

Voilà et les motifs sur lesquels est fondé l'amour du despotisme, et les moyens qu'on emploie pour y parvenir. C'est ainsi que, follement amou-

(1) Si les supplices en usage dans presque tout l'Orient font horreur à l'humanité, c'est que le despote qui les ordonne se sent au-dessus des lois. Il n'en est pas ainsi dans les républiques; les lois y sont toujours douces, parceque celui qui les établit s'y soumet.

reux du pouvoir arbitraire, les rois se jettent inconsidérément dans une route coupée pour eux de mille précipices, et dans laquelle mille d'entre eux ont péri. Osons, pour le bonheur de l'humanité et celui des souverains, les éclairer sur ce point, leur montrer le danger auquel, sous un pareil gouvernement, eux et leurs peuples sont exposés. Qu'ils écartent désormais loin d'eux tout conseiller perfide qui leur inspireroit le desir du pouvoir arbitraire. Qu'ils sachent enfin que le traité le plus fort contre le despotisme seroit le traité du bonheur et de la conservation des rois.

Mais, dira-t-on, qui peut leur cacher cette vérité? Que ne comparent-ils le petit nombre de princes bannis d'Angleterre au nombre prodigieux d'empereurs grecs ou turcs égorgés sur le trône de Constantinople? Si les sultans, répondrai-je, ne sont point retenus par ces exemples effrayants, c'est qu'ils n'ont pas ce tableau habituellement présent à la mémoire; c'est qu'ils sont continuellement poussés au despotisme par ceux qui veulent partager avec eux le pouvoir arbitraire; c'est que la plupart des princes d'Orient, instruments des volontés d'un visir, cedent par foiblesse à ses desirs, et ne sont pas assez avertis de leur injustice par la noble résistance de leurs sujets.

L'entrée au despotisme est facile. Le peuple prévoit rarement les maux que lui prépare une tyrannie affermie. S'il l'apperçoit enfin, c'est au moment qu'accablé sous le joug, enchaîné de toutes parts, et dans l'impuissance de se défendre, il n'attend plus qu'en tremblant le supplice auquel on veut le condamner.

Enhardis par la foiblesse des peuples, les princes se font despotes. Ils ne savent pas qu'ils suspendent eux-mêmes sur leurs têtes le glaive qui doit les frapper; que, pour abroger toute loi, et réduire tout au pouvoir arbitraire, il faut perpétuellement avoir recours à la force, et souvent employer le glaive du soldat. Or l'usage habituel de pareils moyens, ou révolte les citoyens et les excite à la vengeance, ou les accoutume insensiblement à ne reconnoître d'autre justice que la force.

Cette idée est long-temps à se répandre dans le peuple; mais elle y perce, et parvient jusqu'au soldat. Le soldat apperçoit enfin qu'il n'est dans l'état aucun corps qui puisse lui résister; qu'odieux à ses sujets le prince lui doit toute sa puissance: son ame s'ouvre, à son insu, à des projets audacieux; il desire d'améliorer sa condition. Qu'alors un homme hardi et courageux le flatte de cet espoir, et lui promette le pillage de quelques grandes villes: un tel homme, comme le prouve toute l'histoire, suffit pour faire une révolution; révolution toujours rapidement suivie d'une seconde, puisque, dans les états despotiques, comme le remarque l'illustre président de Montesquieu, sans détruire la tyrannie, on massacre souvent les tyrans. Lorsqu'une fois le soldat a connu sa force, il n'est plus possible de le contenir. Je puis citer à ce sujet tous les empereurs romains proscrits par les prétoriens pour avoir voulu affranchir la patrie de la tyrannie des soldats et rétablir l'ancienne discipline dans les armées.

Pour commander à des esclaves, le despote est donc forcé d'obéir à des milices toujours inquietes et impérieuses. Il n'en est pas ainsi lorsque le prince a créé dans l'état un corps puissant de magistrats. Jugé par ces magistrats, le peuple a des idées du juste et de l'injuste; le soldat, toujours tiré du corps des citoyens, conserve dans son nouvel état quelque idée de la justice : d'ailleurs il sent qu'ameuté par le prince et par les magistrats, le corps entier des citoyens, sous l'étendard des lois, s'opposeroit aux entreprises hardies qu'il pourroit tenter ; et que, quelle que fût sa valeur, il succomberoit enfin sous le nombre. Il est donc à-la-fois retenu dans son devoir et par l'idée de la justice et par la crainte.

Ce corps puissant de magistrats est donc nécessaire à la sûreté des rois. C'est un bouclier sous lequel le peuple et le prince sont à l'abri, l'un des cruautés de la tyrannie, l'autre des fureurs de la sédition.

C'étoit à ce sujet, et pour se soustraire au danger qui de toutes parts environne les despotes, que le khalife Aaron Al-Raschid demandoit un jour au célebre Beloulh, son frere, quelques conseils sur la maniere de bien régner. « Faites, lui dit-il, que
« vos volontés soient conformes aux
« lois, et non les lois à vos volontés.
« Songez que les hommes sans mé-
« rite demandent beaucoup, et les
« grands hommes rarement ; résistez
« donc aux demandes des uns, et
« prévenez celles des autres. Ne char-
« gez point vos peuples d'impôts trop
« onéreux. Rappelez-vous à cet égard
« les avis du roi Nouchirvon le
« juste à son fils Ormous. Mon fils,
« lui disoit-il, personne ne sera heu-
« reux dans ton empire, si tu ne

« songes qu'à tes aises. Lorsqu'étendu
« sur des coussins tu seras prêt à t'en-
« dormir, souviens-toi de ceux que
« l'oppression tient éveillés; lorsque
« l'on servira devant toi un repas
« splendide, songe à ceux qui lan-
« guissent dans la misere; lorsque tu
« parcourras les bosquets délicieux
« de ton harem, souviens-toi qu'il
« est des infortunés que la tyrannie
« retient dans les fers. Je n'ajouterai,
« dit Beloulh, qu'un mot à ce que
« je viens de dire : Mettez en votre
« faveur les gens éminents dans les
« sciences; conduisez-vous par leurs
« avis, afin que la monarchie soit
« obéissante à la loi écrite, et non la
« loi à la monarchie (1). »

Thémiste (2), chargé de la part du

(1) Chardin, tome V.
(2) *Histoire critique de la philoso-phie*, par M. Deslandes.

sénat de haranguer Jovien à son avènement au trône, tint à-peu-près le même discours à cet empereur: « Souvenez-vous, lui dit-il, que, si les gens de guerre vous ont élevé à l'empire, les philosophes vous apprendront à le bien gouverner. Les premiers vous ont donné la pourpre des Césars ; les seconds vous apprendront à la porter dignement. »

Chez les anciens Perses même, les plus vils et les plus lâches de tous les peuples, il étoit permis aux philosophes chargés d'inaugurer les princes (1) de leur répéter ces mots au jour de leur couronnement: « Sache, ô roi, que ton autorité cessera d'être légitime le jour même que

(1) Voyez l'*Histoire critique de la philosophie.*

« tu cesseras de rendre les Perses
« heureux ». Vérité dont Trajan paroissoit pénétré, lorsqu'élevé à l'empire, et faisant, selon l'usage, présent d'une épée au préfet du prétoire, il lui dit : « Recevez de moi cette épée,
« et servez-vous-en sous mon regne,
« ou pour défendre en moi un prince
« juste, ou pour punir en moi un
« tyran. ».

Quiconque, sous prétexte de maintenir l'autorité du prince, veut la porter jusqu'au pouvoir arbitraire, est à-la-fois mauvais pere, mauvais citoyen, et mauvais sujet : mauvais pere et mauvais citoyen, parcequ'il charge sa patrie et sa postérité des chaînes de l'esclavage ; mauvais sujet, parceque changer l'autorité légitime en autorité arbitraire c'est évoquer contre les rois l'ambition et le désespoir. J'en prends à témoin les trônes de l'Orient, teints si souvent du sang de leurs souverains (1). L'intérêt bien entendu des sultans ne leur permettroit jamais, ni de souhaiter un pareil pouvoir, ni de céder à cet égard aux desirs de leurs visirs. Les rois doivent être sourds à de pareils conseils, et se rappeler que leur unique intérêt est de tenir, si je l'ose dire, toujours leur royaume en valeur, pour en jouir eux et leur postérité. Ce véritable intérêt ne peut être entendu que des princes éclairés : dans les autres, la gloriole de

(1) Malgré l'attachement des Chinois pour leurs maîtres, attachement qui souvent a porté plusieurs milliers d'entre eux à s'immoler sur la tombe de leurs souverains, combien l'ambition, excitée par l'espoir d'une puissance arbitraire, n'at-elle pas occasionné de révolutions dans cet empire ! Voyez l'*Histoire des Huns*, par M. de Guignes, article de la *Chine*.

commander en maître, et l'intérêt de la paresse qui leur cache les périls qui les environnent, l'emporteront toujours sur tout autre intérêt; et tout gouvernement, comme l'histoire le prouve, tendra toujours au despotisme.

CHAPITRE XVIII.

Principaux effets du despotisme.

JE distinguerai d'abord deux especes de despotisme : l'un qui s'établit tout-à-coup par la force des armes sur une nation vertueuse qui le souffre impatiemment. Cette nation est comparable au chêne plié avec effort, et dont l'élasticité brise bientôt les cables qui le courboient. La Grece en fournit mille exemples.

L'autre est fondé par le temps, le luxe et la mollesse. La nation chez laquelle il s'établit est comparable à ce même chêne, qui, peu-à-peu courbé, perd insensiblement le ressort nécessaire pour se redresser. C'est cette derniere espece de despotisme dont il s'agit dans ce chapitre.

Chez les peuples soumis à cette forme de gouvernement, les hommes en place ne peuvent avoir aucune idée nette de la justice; ils sont à cet égard plongés dans la plus profonde ignorance. En effet, quelle idée de justice pourroit se former un visir? Il ignore qu'il est un bien public. Sans cette connoissance, cependant, on erre çà et là sans guide; les idées du juste et de l'injuste reçues dans la premiere jeunesse s'obscurcissent insensiblement, et disparoissent enfin entièrement.

DISCOURS III, CHAP. XVIII. 181

Mais, dira-t-on, qui peut dérober cette connoissance aux visirs? Et comment, répondrai-je, l'acquerroient-ils dans ces pays despotiques, où les citoyens n'ont nulle part au maniement des affaires publiques; où l'on voit avec chagrin quiconque tourne ses regards sur les malheurs de la patrie; où l'intérêt mal entendu du sultan se trouve en opposition avec l'intérêt de ses sujets; où servir le prince c'est trahir sa nation? Pour être juste et vertueux il faut savoir quels sont les devoirs du prince et des sujets; étudier les engagements réciproques qui lient ensemble tous les membres de la société. La justice n'est autre chose que la connoissance profonde de ces engagements. Pour s'élever à cette connoissance il faut penser : or quel homme ose penser chez un peuple soumis au pouvoir arbitraire? La paresse, l'inutilité, l'inhabitude, et même le danger de penser, en entraîne bientôt l'impuissance. On pense peu dans les pays où l'on tait ses pensées. En vain diroit-on qu'on s'y tait par prudence, pour faire accroire qu'on n'en pense pas moins; il est certain qu'on n'en pense pas plus, et que jamais les idées nobles et courageuses ne s'engendrent dans les têtes soumises au despotisme.

Dans ces gouvernements, on n'est jamais animé que de cet esprit d'égoïsme et de vertige qui annonce la destruction des empires. Chacun, tenant les yeux fixés sur son intérêt particulier, ne les détourne jamais sur l'intérêt général. Les peuples n'ont donc en ces pays aucune idée ni du bien public ni des devoirs des citoyens. Les visirs, tirés du corps de cette même nation, n'ont donc en entrant en place aucun principe d'administration ni de justice ; c'est donc pour faire leur cour, pour partager la puissance du souverain, et non pour faire le bien, qu'ils recherchent les grandes places.

Mais, en les supposant même animés du desir du bien, pour le faire il faut s'éclairer; et les visirs, nécessairement emportés par les intrigues du serrail, n'ont pas le loisir de méditer.

D'ailleurs, pour s'éclairer, il faut s'exposer à la fatigue de l'étude et de la méditation ; et quel motif les y pourroit engager ? ils n'y sont pas même excités par la crainte de la censure (1).

Si l'on peut comparer les petites

(1) C'est pourquoi la nation anglaise, entre ses privileges, compte la liberté de la presse pour un des plus précieux.

choses aux grandes, qu'on se représente l'état de la république des lettres. Si l'on en bannissoit les critiques, ne sent-on pas qu'affranchis de la crainte salutaire de la censure, qui force maintenant un auteur à soigner, à perfectionner ses talents, ce même auteur ne présenteroit plus au public que des ouvrages négligés et imparfaits? Voilà précisément le cas où se trouvent les visirs. C'est la raison pour laquelle ils ne donnent aucune attention à l'administration des affaires, et ne doivent en général jamais consulter les gens éclairés (1).

(1) Si dans le parlement d'Angleterre on a cité l'autorité du président de Montesquieu, c'est que l'Angleterre est un pays libre. En fait de lois et d'administration, si le czar Pierre prenoit conseil du fameux Leibnitz, c'est qu'un grand homme consulte sans honte un autre grand

Ce que je dis des visirs je le dis des sultans. Les princes n'échappent point à l'ignorance générale de leur nation; leurs yeux même à cet égard sont couverts de ténèbres plus épaisses que ceux de leurs sujets. Presque tous ceux qui les élevent ou qui les environnent, avides de gouverner sous leur nom, ont intérêt de les abrutir (1). Aussi les

homme, et que les Russes, par le commerce qu'ils ont avec les autres nations de l'Europe, peuvent être plus éclairés que les Orientaux.

(1) Dans une forme de gouvernement bien différente de la constitution orientale, chez nous-mêmes, Louis XIII, dans une de ses lettres, se plaint du maréchal d'Ancre : « Il m'empêche, dit-il, de me
« promener dans Paris; il ne m'accorde
« que le plaisir de la chasse, que la pro-
« menade des Tuileries; il est défendu
« aux officiers de ma maison ainsi qu'à

princes destinés à régner, enfermés dans le serrail jusqu'à la mort de leur pere, passent-ils du harem sur le trône sans avoir aucune idée nette de la science du gouvernement, et sans avoir une seule fois assisté au divan.

Mais, à l'exemple de Philippe de Macédoine, à qui la supériorité de courage et de lumieres n'inspiroit point une aveugle confiance, et qui payoit des pages pour lui répéter tous les jours ces paroles, *Philippe, souviens-toi que tu es homme*, pourquoi les visirs ne permettroient-ils pas aux critiques de les avertir quelquefois de

« tous mes sujets de m'entretenir d'af-
« faires sérieuses, et de me parler en
« particulier ». Il semble qu'en chaque pays on cherche à rendre les princes peu dignes du trône où la naissance les appelle.

leur humanité (1) ? Pourquoi ne pourroit-on sans crime douter de la justice de leurs décisions, et leur répéter, d'après Grotius, que « tout ordre ou « toute loi dont on défend l'examen « et la critique ne peut jamais être « qu'une loi injuste ? »

C'est que les visirs sont des hommes. Parmi les auteurs, en est-il beaucoup qui eussent la générosité d'épargner leurs critiques, s'ils avoient la puissance de les punir? Ce ne seroit du moins que des hommes d'un esprit supérieur et d'un caractere élevé, qui, sacrifiant leur ressentiment à l'avantage

(1) Ce n'est point en Orient qu'on trouve un duc de Bourgogne. Ce prince lisoit tous les libelles faits contre lui et contre Louis XIV. Il vouloit s'éclairer, et il sentoit que la haine et l'humeur seules osent quelquefois présenter la vérité aux rois.

du public, conserveroient à la république des lettres des critiques si nécessaires au progrès des arts et des sciences. Or comment exiger tant de générosité de la part du visir?

« Il est, dit Balzac, peu de ministres
« assez généreux pour préférer les
« louanges de la clémence, qui du-
« rent aussi long-temps que les races
« conservées, au plaisir que donne
« la vengeance, et qui cependant
« passe aussi vîte que le coup de
« hache qui abat une tête ». Peu de visirs sont dignes de l'éloge donné dans *Séthos* à la reine Nephté, lorsque les prêtres, en prononçant son panégyrique, disent, « Elle a par-
« donné comme les dieux, avec plein
« pouvoir de punir. »

Le puissant sera toujours injuste et vindicatif. M. de Vendôme disoit plaisamment à ce sujet que, dans la marche des armées, il avoit souvent examiné les querelles des mulets et des muletiers, et qu'à la honte de l'humanité la raison étoit presque toujours du côté des mulets.

M. du Verney, si savant dans l'histoire naturelle, et qui connoissoit à la seule inspection de la dent d'un animal s'il étoit carnassier ou pâturant, disoit souvent : « Qu'on me « présente la dent d'un animal in- « connu ; par sa dent je jugerai de « ses mœurs ». A son exemple un philosophe moral pourroit dire : « Mar- « quez-moi le degré de pouvoir dont « un homme est revêtu ; par son pou- « voir je jugerai de sa justice ». En vain, pour désarmer la cruauté des visirs, répéteroit-on, d'après Tacite, que le supplice des critiques est la trompette qui annonce à la postérité la honte et les vices de leurs bourreaux : dans les états despotiques on se soucie et l'on doit se soucier peu de la gloire et de la postérité, puisqu'on n'aime point, comme je l'ai prouvé plus haut, l'estime pour l'estime même, mais pour les avantages qu'elle procure; et qu'il n'en est aucun qu'on accorde au mérite, et qu'on ose refuser à la puissance.

Les visirs n'ont donc aucun intérêt de s'instruire, et par conséquent de supporter la censure; ils doivent donc être en général peu éclairés (1). Milord

(1) Comme tous les citoyens sont fort ignorants du bien public, presque tous les faiseurs de projets sont, dans ces pays, ou des frippons qui n'ont que leur utilité particuliere en vue, ou des esprits médiocres qui ne peuvent saisir d'un coup-d'œil la longue chaîne qui lie ensemble toutes les parties d'un état. Ils proposent en conséquence des projets toujours dis-

Bolingbrooke disoit à ce sujet que, « jeune encore, il s'étoit d'abord

cordants avec le reste de la législation d'un peuple. Aussi osent-ils rarement dans un ouvrage les exposer aux regards du public.

L'homme éclairé sent que dans ces gouvernements tout changement est un nouveau malheur, parcequ'on n'y peut suivre aucun plan, parceque l'administration despotique corrompt tout. Il n'est dans ces gouvernements qu'une chose utile à faire, c'est d'en changer insensiblement la forme. Faute de cette vue, le fameux czar Pierre n'a peut-être rien fait pour le bonheur de sa nation. Il devoit cependant prévoir qu'un grand homme succede rarement à un autre grand homme; que, n'ayant rien changé dans la constitution de l'empire, les Russes, par la forme de leur gouvernement, pourroient bientôt retomber dans la barbarie dont il avoit commencé à les tirer.

« représenté ceux qui gouvernoient
« les nations comme des intelligences
« supérieures. Mais, ajoutoit-il, l'ex-
« périence me détrompa bientôt :
« j'examinai ceux qui tenoient en
« Angleterre le timon des affaires, et
« je reconnus que les grands étoient
« assez semblables à ces dieux de
« Phénicie sur les épaules desquels
« on attachoit une tête de bœuf en
« signe de puissance suprême ; et
« qu'en général les hommes étoient
« régis par les plus sots d'entre eux ».
Cette vérité, que Bolingbrooke appli-
quoit peut-être par humeur à l'Angleterre, est sans doute incontestable
dans presque tous les empires de
l'Orient.

CHAPITRE XIX.

Le mépris et l'avilissement où sont les peuples entretient l'ignorance des visirs; second effet du despotisme.

Si les visirs n'ont nul intérêt de s'instruire, il est, dira-t-on, de l'intérêt du public que les visirs soient instruits : toute nation veut être bien gouvernée. Pourquoi donc ne voit-on point en ces pays de citoyens assez vertueux pour reprocher aux visirs leur ignorance et leur injustice, et les forcer, par la crainte du mépris, à devenir citoyens? C'est que le propre du despotisme est d'avilir et de dégrader les ames.

Dans les états où la loi seule punit

et récompense, où l'on n'obéit qu'à la loi, l'homme vertueux, toujours en sûreté, y contracte une hardiesse et une fermeté d'ame qui s'affoiblit nécessairement dans les pays despotiques, où sa vie, ses biens et sa liberté, dépendent du caprice et de la volonté arbitraire d'un seul homme (1). Dans ces pays, il seroit aussi insensé d'être vertueux qu'il eût été fou de ne

(1) On ne verra point en Turquie, comme en Écosse, la loi punir dans le souverain l'injustice commise envers un sujet. A l'avènement de Malicorne au trône d'Écosse, un seigneur lui présente la patente de ses privileges, le priant de les confirmer. Le roi la prend, et la déchire. Le seigneur s'en plaint au parlement; et le parlement ordonne que le roi, assis sur son trône, sera tenu, en présence de toute sa cour, de recoudre avec du fil et une aiguille la patente de ce seigneur.

l'être pas en Crete et à Lacédémone. Aussi n'y voit-on personne s'élever contre l'injustice, et, plutôt que d'y applaudir, crier, comme le philosophe Philoxene, *Qu'on me remene aux carrieres.*

Dans ces gouvernements, que n'en coûte-t-il pas pour être vertueux! A quels dangers la probité n'est-elle pas exposée! Supposons un homme passionné pour la vertu : vouloir qu'un tel homme apperçoive dans l'injustice ou l'incapacité des visirs ou des satrapes la cause des miseres publiques, et qu'il se taise, c'est vouloir les contradictoires. D'ailleurs une probité muette seroit dans ce cas une probité inutile. Plus cet homme sera vertueux, plus il s'empressera de nommer celui sur lequel doit tomber le mépris national : je dirai de plus qu'il le doit. Or, l'injustice et l'imbécilité d'un visir se trouvant, comme je l'ai dit plus haut, toujours revêtue de la puissance nécessaire pour condamner le mérite aux plus grands supplices, cet homme sera d'autant plus promptement livré aux muets qu'il sera plus ami du bien public et de la vertu.

Si Néron forçoit au théâtre les applaudissements des spectateurs, plus barbares encore que Néron, les visirs exigent les éloges de ceux-là même qu'ils surchargent d'impôts et qu'ils maltraitent. Ils sont semblables à Tibere. Sous son regne, on traitoit de factieux jusqu'aux cris, jusqu'aux soupirs des infortunés qu'on opprimoit, parceque tout est criminel, dit Suétone, sous un prince qui se sent toujours coupable.

Il n'est point de visir qui ne voulût réduire les hommes à la condition de ces anciens Perses qui, cruellement fouettés par l'ordre du prince, étoient ensuite obligés de comparoître devant lui. *Nous venons*, lui disoient-ils, *vous remercier d'avoir daigné vous souvenir de nous.*

La noble hardiesse d'un citoyen assez vertueux pour reprocher aux visirs leur ignorance et leur injustice seroit donc bientôt suivie de son supplice (1); et personne ne s'y veut exposer. Mais, dira-t-on, le héros le brave. Oui, répondrai-je, lorsqu'il est soutenu par l'espoir de l'estime et de

---

(1) Qu'un visir commette une faute dans son administration, si cette faute nuit au public, les peuples crient, et l'orgueil du visir s'en offense. Loin de revenir sur ses pas, et d'essayer par une meilleure conduite de calmer de trop justes plaintes, il ne s'occupe que des moyens d'imposer silence aux citoyens. Ces moyens de force

la gloire. Est-il privé de cet espoir ? son courage l'abandonne. Chez un peuple esclave, l'on donneroit le nom de factieux à ce citoyen généreux ; son supplice trouveroit des approbateurs. Il n'est point de crimes auxquels on ne prodigue des éloges, lorsque dans un état la bassesse est devenue mœurs. « Si la peste, dit « Gordon, avoit des jarretieres, des « cordons et des pensions à donner, « il est des théologiens assez vils, et « des jurisconsultes assez bas, pour « soutenir que le regne de la peste « est de droit divin, et que, se sous-

les irritent ; les cris redoublent. Alors il ne reste au visir que deux partis à prendre, ou d'exposer l'état à des révolutions, ou de porter le despotisme à ce terme extrême qui toujours annonce la ruine des empires ; et c'est à ce dernier parti que s'arrêtent communément les visirs.

« traire à ses malignes influences, « c'est se rendre coupable au pre- « mier chef ». Il est donc, en ces gouvernements, plus sage d'être le complice que l'accusateur des frippons : les vertus et les talents y sont toujours en butte à la tyrannie.

Lors de la conquête de l'Inde par Thamas-Kouli-kan, le seul homme estimable que ce prince trouva dans l'empire du Mogol étoit un nommé Mahmouth, et ce Mahmouth étoit exilé.

Dans les pays soumis au despotisme, l'amour, l'estime, les acclamations du public, sont des crimes dont le prince punit ceux qui les obtiennent. Après avoir triomphé des Bretons, Agricola, pour échapper aux applaudissements du peuple ainsi qu'à la fureur de Domitien, traverse de nuit les rues de Rome, se rend au palais de l'empereur : le prince l'embrasse froidement ; Agricola se retire ; et le vainqueur de la Bretagne, dit Tacite, se perd au même instant dans la foule des autres esclaves.

C'est dans ces temps malheureux qu'on pouvoit à Rome s'écrier avec Brutus, *O vertu ! tu n'es qu'un vain nom.* Comment en trouver chez des peuples qui vivent dans des transes perpétuelles, et dont l'ame, affaissée par la crainte, a perdu tout son ressort ? On ne rencontre chez ces peuples que des puissants insolents, et des esclaves vils et lâches. Quel tableau plus humiliant pour l'humanité que l'audience d'un visir, lorsque, dans une importance et une gravité stupides, il s'avance au milieu d'une foule de clients, et que ces derniers, sérieux, muets, immobiles, les yeux fixes et baissés, attendent en tremblant la faveur d'un regard (1), à-peu-près dans l'attitude de ces bramines qui, les yeux fixés sur le bout de leur nez, attendent la flamme bleue et divine dont le ciel doit l'enluminer, et dont l'apparition doit, selon eux, les élever à la dignité de pagode ?

Quand on voit le mérite ainsi humilié devant un visir sans talent, ou même un vil eunuque, on se rappelle malgré soi la vénération ridicule qu'au Japon l'on a pour les grues, dont on ne prononce jamais le nom que précédé du mot *o-thurisama*, c'est-à-dire *monseigneur*.

(1) Le visir lui-même n'entre qu'en tremblant au divan quand le sultan y est.

CHAPITRE XX.

Du mépris de la vertu, et de la fausse estime qu'on affecte pour elle; troisieme effet du despotisme.

Si, comme je l'ai prouvé dans les chapitres précédents, l'ignorance des visirs est une suite nécessaire de la forme despotique des gouvernements, le ridicule qu'en ces pays on jette sur la vertu en paroît être également l'effet.

Peut-on douter que, dans les repas somptueux des Perses, dans leurs soupers de bonne compagnie, l'on ne se moquât de la frugalité et de la grossièreté des Spartiates; et que des courtisans, accoutumés à ramper dans l'antichambre des eunuques pour y briguer l'honneur honteux d'en être le jouet, ne donnassent le nom de férocité au noble orgueil qui défendoit aux Grecs de se prosterner devant le grand roi ?

Un peuple esclave doit nécessairement jeter du ridicule sur l'audace, la magnanimité, le désintéressement, le mépris de la vie, enfin sur toutes les vertus fondées sur un amour extrême de la patrie et de la liberté. On devoit en Perse traiter de fou, d'ennemi du prince, tout sujet vertueux qui, frappé de l'héroïsme des Grecs, exhortoit ses concitoyens à leur ressembler, et à prévenir, par une prompte réforme dans le gouvernement, la ruine prochaine d'un empire où la vertu étoit méprisée (1). Les Perses,

(1) Au moment que trois cents Spar-

sous peine de se montrer vils, devoient trouver les Grecs ridicules. Nous ne pouvons jamais être frappés que des sentiments qui nous affectent nous-mêmes vivement. Un grand citoyen, objet de vénération par-tout où l'on est citoyen, ne passera jamais que pour'fou dans un gouvernement despotique.

Parmi nous autres Européens, encore plus éloignés de la vileté des Orientaux que de l'héroïsme des Grecs, que de grandes actions passeroient pour folles, si ces mêmes actions n'étoient consacrées par l'admiration

tiates défendoient le pas des Thermopyles, des transfuges d'Arcadie ayant fait à Xerxès le récit des jeux olympiques : « Quels hommes, s'écria un seigneur: « persan, allons-nous combattre ! Insen- « sibles à l'intérêt, ils ne sont avides que « de gloire. »

de tous les siecles! Sans cette admiration, qui ne citeroit point comme ridicule cet ordre qu'avant la bataille de Mantinée le roi Agis reçut du peuple de Lacédémone, « Ne profitez « point de l'avantage du nombre; « renvoyez une partie de vos troupes; « ne combattez l'ennemi qu'à force « égale»? On traiteroit pareillement d'insensée la réponse qu'à la journée des Argineuses fit Callicratidas, général de la flotte lacédémonienne. Hermon lui conseilloit de ne point combattre avec des forces trop inégales l'armée navale des Athéniens : « O « Hermon, lui répondit-il, à Dieu « ne plaise que je suive un conseil « dont les suites seroient si funestes « à ma patrie! Sparte ne sera point « déshonorée par son général. C'est « ici qu'avec mon armée je dois « vaincre ou périr. Est-ce à Callicra-

« tidas d'apprendre l'art des retraites
« à des hommes qui jusqu'aujour-
« d'hui ne se sont jamais informés
« du nombre, mais seulement du
« lieu où campoient leurs ennemis » ?
Une réponse si noble et si haute paroîtroit folle à la plupart des gens.
Quels hommes ont assez d'élévation
dans l'ame, une connoissance assez
profonde de la politique, pour sentir
comme Callicratidas de quelle importance il étoit d'entretenir dans les
Spartiates l'audacieuse opiniâtreté qui
les rendoit invincibles ? Ce héros savoit qu'occupés sans cesse à nourrir
en eux le sentiment du courage et de
la gloire, trop de prudence pourroit
en émousser la finesse, et qu'un peuple n'a point les vertus dont il n'a pas
les scrupules.

Les demi-politiques, faute d'embrasser une assez grande étendue de temps, sont toujours trop vivement frappés d'un danger présent. Accoutumés à considérer chaque action indépendamment de la chaîne qui les unit toutes entre elles, lorsqu'ils pensent corriger un peuple de l'excès d'une vertu, ils ne font le plus souvent que lui enlever le palladium auquel sont attachés ses succès et sa gloire.

C'est donc à l'ancienne admiration qu'on doit l'admiration présente que l'on conserve pour ces actions : encore cette admiration n'est-elle qu'une admiration hypocrite ou de préjugé. Une admiration sentie nous porteroit nécessairement à l'imitation.

Or quel homme, parmi ceux-là mêmes qui se disent passionnés pour la gloire, rougit d'une victoire qu'il ne doit pas entièrement à sa valeur et à son habileté ? Est-il beaucoup d'Antiochus-Soter ? Ce prince sent qu'il ne doit la défaite des Galates qu'à l'effroi qu'avoit jeté dans leurs rangs l'aspect imprévu de ses éléphants : il verse des larmes sur ses palmes triomphales, et fait, sur le champ de bataille, élever un trophée à ses éléphants.

On vante la générosité de Gélon. Après la défaite de l'armée innombrable des Carthaginois, lorsque les vaincus s'attendoient aux conditions les plus dures, ce prince n'exige de Carthage humiliée que d'abolir les sacrifices barbares qu'ils faisoient de leurs propres enfants à Saturne. Ce vainqueur ne veut profiter de sa victoire que pour conclure le seul traité qui peut-être ait jamais été fait en faveur de l'humanité. Parmi tant d'admirateurs, pourquoi Gélon n'a-t-il pas d'imitateurs ? Mille héros ont tour-à-tour subjugué l'Asie : cependant il n'en est aucun qui, sensible aux maux de l'humanité, ait profité de sa victoire pour décharger les Orientaux du poids de la misere et de l'avilissement dont les accable le despotisme. Aucun d'eux n'a détruit ces maisons de douleur et de larmes où la jalousie mutile sans pitié les infortunés destinés à la garde de ses plaisirs, et condamnés au supplice d'un desir toujours renaissant et toujours impuissant. On n'a donc pour l'action de Gélon qu'une estime hypocrite ou de préjugé.

Nous honorons la valeur, mais moins qu'on ne l'honoroit à Sparte : aussi n'éprouvons-nous pas à l'aspect d'une ville fortifiée le sentiment de mépris dont étoient affectés les Lacédémoniens. Quelques uns d'eux, passant sous les murs de Corinthe, « Quelles « femmes, demanderent-ils, habitent

« cette cité ? » — « Ce sont, leur ré-
« pondit-on, des Corinthiens ». — « Ne
« savent-ils pas, reprirent-ils, ces
« hommes vils et lâches, que les seuls
« remparts impénétrables à l'ennemi
« sont des citoyens déterminés à la
« mort » ? Tant de courage et d'élévation d'ame ne se rencontre que dans des républiques guerrieres. De quelque amour que nous soyons animés pour la patrie, on ne verra point de mere, après la perte d'un fils tué dans le combat, reprocher au fils qui lui reste d'avoir survécu à sa défaite. On ne prendra point exemple sur ces vertueuses Lacédémoniennes : après la bataille de Leuctres, honteuses d'avoir porté dans leur sein des hommes capables de fuir, celles dont les enfants étoient échappés au carnage se retiroient au fond de leurs maisons, dans le deuil et le silence ; lorsqu'au

contraire les meres dont les fils étoient morts en combattant, pleines de joie et la tête couronnée de fleurs, alloient au temple en rendre graces aux dieux.

Quelque braves que soient nos soldats, on ne verra plus un corps de douze cents hommes soutenir, comme les Suisses, au combat de S.-Jacques-l'Hôpital, l'effort d'une armée de soixante mille hommes, qui paya sa victoire de la perte de huit mille soldats (1). On ne verra plus de gouvernement traiter de lâches, et condamner

(1) Dans l'Histoire de Louis XI, M. Duclos dit que les Suisses, au nombre de trois mille, soutinrent l'effort de l'armée du dauphin, composée de quatorze mille Français et de huit mille Anglais. Ce combat se donna près de Bottelen, et les Suisses y furent presque tous tués.

A la bataille de Morgarten, treize cents Suisses mirent en déroute l'armée de l'ar-

comme tels au dernier supplice, dix soldats qui, s'échappant du carnage de cette journée, apportoient chez eux la nouvelle d'une défaite si glorieuse.

Si, dans l'Europe même, on n'a plus qu'une admiration stérile pour de pareilles actions et de semblables vertus, quel mépris les peuples de l'Orient ne doivent-ils point avoir pour ces mêmes vertus! qui pourroit les leur faire respecter? Ces pays sont peuplés d'ames abjectes et vicieuses. Or, dès que les

chiduc Léopold, composée de vingt mille hommes.

Près de Wesen, dans le canton de Glaris, trois cents cinquante Suisses défirent huit mille Autrichiens: tous les ans on en célèbre la mémoire sur le champ de bataille; un orateur fait le panégyrique, et lit la liste des trois cents cinquante noms.

hommes vertueux ne sont plus en assez grand nombre dans une nation pour y donner le ton, elle le reçoit nécessairement des gens corrompus. Ces derniers, toujours intéressés à ridiculiser les sentiments qu'ils n'éprouvent pas, font taire les vertueux. Malheureusement il en est peu qui ne cedent aux clameurs de ceux qui les environnent, qui soient assez courageux pour braver le mépris de leur nation, et qui sentent assez nettement que l'estime d'une nation tombée dans un certain degré d'avilissement est une estime moins flatteuse que déshonorante.

Le peu de cas qu'on faisoit d'Annibal à la cour d'Antiochus a-t-il déshonoré ce grand homme? La lâcheté avec laquelle Prusias voulut le vendre aux Romains a-t-elle donné atteinte à la gloire de cet illustre Carthaginois?

Elle n'a déshonoré aux yeux de la postérité que le roi, le conseil, et le peuple, qui le livroient.

Le résulat de ce que j'ai dit, c'est qu'on n'a réellement dans les empires despotiques que du mépris pour la vertu, et qu'on n'en honore que le nom. Si tous les jours on l'invoque, et si l'on en exige des citoyens, il en est en ce cas de la vertu comme de la vérité, qu'on demande à condition qu'on sera assez prudent pour la taire.

CHAPITRE XXI.

Du renversement des empires soumis au pouvoir arbitraire ; quatrieme effet du despotisme.

L'INDIFFÉRENCE des Orientaux pour la vertu, l'ignorance et l'avilissement des ames, suite nécessaire de la forme de leur gouvernement, doit à-la-fois en faire des citoyens frippons entre eux, et sans courage vis-à-vis de l'ennemi.

Voilà la cause de l'étonnante rapidité avec laquelle les Grecs et les Romains subjuguerent l'Asie. Comment des esclaves élevés et nourris dans l'antichambre d'un maître eussent-ils étouffé devant le glaive des Romains les sentiments habituels de crainte que le despotisme leur avoit fait contracter ? Comment des hommes abrutis, sans élévation dans l'ame, habitués à fouler les foibles, à ramper devant les puissants, n'eussent-ils pas cédé à la magnanimité, à la politique, au courage des Romains, et ne se fussent-ils pas montrés également lâches et dans le conseil et dans le combat ?

Si les Égyptiens, dit à ce sujet Plutarque, furent successivement esclaves de toutes les nations, c'est qu'ils furent soumis au despotisme le plus dur : aussi ne donnerent-ils presque jamais que des preuves de lâcheté. Lorsque le roi Cléomene, chassé de Sparte, réfugié en Égypte, emprisonné par l'intrigue d'un ministre nommé Sobisius, eut massacré sa garde et rompu ses fers, le prince se présente dans les rues d'Alexandrie ; mais vainement il y exhorte les citoyens à le venger, à punir l'injustice, à secouer le joug de la tyrannie; par-tout, dit Plutarque, il ne trouve que d'immobiles admirateurs. Il ne restoit à ce peuple vil et lâche que l'espece de courage qui fait admirer les grandes actions, non celui qui les fait exécuter.

Comment un peuple esclave résisteroit-il à une nation libre et puissante? Pour user impunément du pouvoir arbitraire, le despote est forcé d'énerver l'esprit et le courage de ses sujets. Ce qui le rend puissant au dedans le rend foible au dehors : avec la liberté, il bannit de son empire toutes les vertus; elles ne peuvent, dit Aristote, habiter chez des ames serviles. Il faut, ajoute l'illustre président de Montesquieu, que nous avons déja cité, commencer par être mauvais citoyen pour devenir bon esclave. Il ne peut donc opposer aux attaques d'un peuple tel que les Romains qu'un conseil et des généraux absolument neufs dans la science politique et militaire, et pris dans cette même nation dont il a amolli le courage et rétréci l'esprit; il doit donc être vaincu.

Mais, dira-t-on, les vertus ont cependant dans les états despotiques quelquefois brillé du plus grand éclat. Oui, lorsque le trône a successivement été occupé par plusieurs grands hommes. La vertu, engourdie par la présence de la tyrannie, se ranime à l'aspect d'un prince vertueux : sa présence est comparable à celle du soleil; lorsque sa lumiere perce et dissipe les nuages ténébreux qui couvroient la terre, alors tout se ranime, tout se vivifie dans la nature, les plaines se peuplent de laboureurs, les bocages retentissent de concerts aériens, et le peuple ailé du ciel vole jusques sur la cime des chênes pour y chanter le retour du soleil. « O temps heureux, « s'écrie Tacite sous le regne de Tra-« jan, où l'on n'obéit qu'aux lois, « où l'on peut penser librement, et « dire librement ce qu'on pense; où « l'on voit tous les cœurs voler au « devant du prince, où sa vue seule « est un bienfait! »

Toutefois l'éclat que jettent de pareilles nations est toujours de peu de durée. Si quelquefois elles atteignent au plus haut degré de puissance et de gloire, et s'illustrent par des succès en tout genre, ces succès, attachés, comme je viens de le dire, à la sagesse des rois qui les gouvernoient, et non à la forme de leur gouvernement, ont toujours été aussi passagers que brillants. La force de pareils états, quelque imposante qu'elle soit, n'est qu'une force illusoire : c'est le colosse de Nabuchodonosor; ses pieds sont d'argile. Il en est de ces empires comme du sapin superbe : sa cime touche aux cieux, les animaux des plaines et des airs cherchent un abri sous son ombrage; mais, attaché à la terre par de trop foibles racines, il est renversé au premier ouragan. Ces états n'ont qu'un moment d'existence, s'ils ne sont environnés de nations peu entreprenantes, et soumises au pouvoir arbitraire. La force respective de pareils états consiste alors dans l'équilibre de leur foiblesse. Un empire despotique a-t-il reçu quelque échec ? si le trône ne peut être raffermi que par une résolution mâle et courageuse, cet empire est détruit.

Les peuples qui gémissent sous un pouvoir arbitraire n'ont que des succès momentanés, que des éclairs de gloire : ils doivent tôt ou tard subir le joug d'une nation libre et entreprenante. Mais, en supposant que des circonstances et des positions particulieres les arrachassent à ce danger, la mauvaise administration de ces royaumes suffit pour les détruire, les dépeupler, et les changer en déserts. La langueur léthargique qui successivement en saisit tous les membres produit cet effet. Le propre du despotisme est d'étouffer les passions : or, dès que les ames ont, par le défaut de passions, perdu leur activité ; lorsque les citoyens sont, pour ainsi dire, engourdis par l'opium du luxe, de l'oisiveté et de la mollesse, alors l'état tombe en consomption ; le calme apparent dont il jouit n'est aux yeux de l'homme éclairé que l'affaissement précurseur de la mort. Il faut des passions dans un état; elles en sont l'ame et la vie. Le peuple le plus passionné est à la longue le peuple triomphant.

L'effervescence modérée des passions est salutaire aux empires: ils sont à cet égard comparables aux mers, dont les eaux stagnantes exhaleroient en croupissant des vapeurs funestes à l'univers, si, en les soulevant, la tempête ne les épuroit.

Mais, si la grandeur des nations soumises au pouvoir arbitraire n'est qu'une grandeur momentanée, il n'en est pas ainsi des gouvernements où la puissance est, comme dans Rome et dans la Grece, partagée entre le peuple, les grands, ou les rois. Dans ces états, l'intérêt particulier; étroitement lié à l'intérêt public, change les hommes en citoyens. C'est dans ces pays qu'un peuple, dont les succès tiennent à la constitution même de son gouvernement, peut s'en promettre de durables. La nécessité où se trouve alors le citoyen de s'occuper d'objets importants, la liberté qu'il a de tout penser et de tout dire, donnent plus de force et d'élévation à son ame; l'audace de son esprit passe dans son cœur; elle lui fait concevoir des projets plus vastes, plus hardis, exécuter des actions plus courageuses. J'ajouterai même que, si l'intérêt particulier n'est point entièrement détaché de l'intérêt public, si les mœurs d'un peuple tel que les Romains ne sont pas aussi corrompues qu'elles l'étoient du temps des Marius et des Sylla, l'esprit de faction, qui force les citoyens à s'observer et à se contenir réciproquement, est l'esprit conservateur de ces empires. Ils ne se soutiennent que par le contrepoids des intérêts opposés. Jamais les fondements de ces états ne sont plus assurés que dans ces moments de fermentation extérieure où ils paroissent prêts à s'écrouler. Ainsi le fond des mers est calme et tranquille, lors même que les aquilons déchaînés sur leur surface semblent les bouleverser jusques dans leurs abymes.

Après avoir reconnu dans le despotisme oriental la cause de l'ignorance des visirs, de l'indifférence des peuples pour la vertu, et du renversement des empires soumis à cette forme de gouvernement, je vais, dans d'autres constitutions d'état, montrer la cause des effets contraires.

CHAPITRE XXII.

De l'amour de certains peuples pour la gloire et la vertu.

CE chapitre est une conséquence si nécessaire du précédent, que je me croirois à ce sujet dispensé de tout examen, si je ne sentois combien l'exposition des moyens propres à nécessiter les hommes à la vertu peut être agréable au public, et combien les détails sur une pareille matiere sont instructifs pour ceux mêmes qui la possedent le mieux. J'entre donc en matiere. Je jette les yeux sur les républiques les plus fécondes en hommes vertueux; je les arrête sur la Grece, sur Rome, et j'y vois naître une multitude de héros. Leurs grandes actions, conservées avec soin dans l'histoire, y semblent recueillies pour répandre les odeurs de la vertu dans les siecles les plus corrompus et les plus reculés. Il en est de ces actions comme de ces vases d'encens qui, placés sur l'autel des dieux, suffisent pour remplir de parfums la vaste étendue de leur temple.

En considérant la continuité d'actions vertueuses que présente l'histoire de ces peuples, si je veux en découvrir la cause, je l'apperçois dans l'adresse avec laquelle les législateurs de ces nations avoient lié l'intérêt particulier à l'intérêt public (1).

Je prends l'action de Régulus pour preuve de cette vérité. Je ne suppose en ce général aucun sentiment d'hé-

---

(1) C'est dans cette union que consiste le véritable esprit des lois.

roïsme, pas même ceux que lui devoit inspirer l'éducation romaine; et je dis que, dans le siecle de ce consul, la législation, à certains égards, étoit tellement perfectionnée, qu'en ne consultant que son intérêt personnel, Régulus ne pouvoit se refuser à l'action généreuse qu'il fit. En effet, lorsqu'instruit de la discipline des Romains on se rappelle que la fuite, ou même la perte de leur bouclier dans le combat, étoit punie du supplice de la bastonnade, dans lequel le coupable expiroit ordinairement, n'est-il pas évident qu'un consul vaincu, fait prisonnier, et député par les Carthaginois pour traiter de l'échange des prisonniers, ne pouvoit s'offrir aux yeux des Romains sans craindre ce mépris toujours si humiliant de la part des républicains, et si insoutenable pour une ame élevée; qu'ainsi le seul parti que Régulus eût à prendre étoit d'effacer par quelque action héroïque la honte de sa défaite? Il devoit donc s'opposer au traité d'échange que le sénat étoit prêt à signer. Il exposoit sans doute sa vie par ce conseil; mais ce danger n'étoit pas imminent: il étoit assez vraisemblable qu'étonné de son courage, le sénat n'en seroit que plus empressé à conclure un traité qui devoit lui rendre un citoyen si vertueux. D'ailleurs, en supposant que le sénat se rendît à son avis, il étoit encore très vraisemblable que, par la crainte de représailles ou par admiration pour sa vertu, les Carthaginois ne le livreroient point au supplice dont ils l'avoient menacé. Régulus ne s'exposoit donc qu'au danger auquel, je ne dis pas un héros, mais un homme prudent et sensé, devoit se présenter pour se soustraire au mépris et s'offrir à l'admiration des Romains.

Il est donc un art de nécessiter les hommes aux actions héroïques : non que je prétende insinuer ici que Régulus n'ait fait qu'obéir à cette nécessité, et que je veuille donner atteinte à sa gloire ; l'action de Régulus fut sans doute l'effet de l'enthousiasme impétueux qui le portoit à la vertu : mais un pareil enthousiasme ne pouvoit s'allumer qu'à Rome.

Les vices et les vertus d'un peuple sont toujours un effet nécessaire de sa législation : et c'est la connoissance de cette vérité qui sans doute a donné lieu à cette belle loi de la Chine. Pour y féconder les germes de la vertu on veut que les mandarins participent à la gloire ou à la honte des actions vertueuses ou infâmes commises dans leurs gouvernements (1), et qu'en conséquence ces mandarins soient élevés à des postes supérieurs, ou rabaissés à des grades inférieurs.

Comment douter que la vertu ne soit chez tous les peuples l'effet de la sagesse plus ou moins grande de l'administration? Si les Grecs et les Romains furent si long-temps animés de ces vertus mâles et courageuses qui sont, comme dit Balzac, *des courses que l'ame fait au-delà des devoirs communs*, c'est que les vertus de cette espece sont presque toujours

---

(1) Il n'en est pas ainsi des autres empires de l'Orient; les gouverneurs n'y sont chargés que de lever les impôts et de s'opposer aux séditions : d'ailleurs on n'exige point d'eux qu'ils s'occupent du bonheur des peuples de leur province; leur pouvoir même à cet égard est très borné.

le partage des peuples où chaque citoyen a part à la souveraineté.

Ce n'est qu'en ces pays qu'on trouve un Fabricius. Pressé par Pyrrhus de le suivre en Épire, « Pyrrhus, lui dit-« il, vous êtes sans doute un prince « illustre, un grand guerrier; mais « vos peuples gémissent dans la mi-« sere. Quelle témérité de vouloir me « mener en Épire! Doutez-vous que, « bientôt rangés sous ma loi, vos « peuples ne préférassent l'exemption « de tributs aux surcharges de vos « impôts, et la sûreté à l'incertitude « de leur possession? Aujourd'hui « votre favori, demain je serois votre « maître ». Un tel discours ne pouvoit être prononcé que par un Romain. C'est dans les républiques (1) qu'on

---

(1) On voit par les lettres du cardinal Mazarin qu'il sentoit tout l'avantage de

apperçoit avec étonnement jusqu'où peut être portée la hauteur du courage et l'héroïsme de la patience. Je citerai Thémistocle pour exemple en ce genre. Peu de jours avant la bataille de Salamine, ce guerrier, insulté en plein conseil par le général des Lacédémoniens, ne répond à ses menaces que ces deux mots, *Frappe*,

cette constitution d'état. Il craignoit que l'Angleterre, en se formant en république, ne devînt trop redoutable à ses voisins. Dans une lettre à M. le Tellier, il dit :
« Don Louis et moi savons bien que
« Charles II est hors des royaumes qui
« lui appartiennent ; mais, entre toutes
« les raisons qui peuvent engager les rois
« nos maîtres à songer à son rétablisse-
« ment, une des plus fortes est d'empê-
« cher l'Angleterre de former une répu-
« blique puissante qui dans la suite don-
« neroit à penser à tous ses voisins. »

mais écoute. A cet exemple j'ajouterai celui de Timoléon. Il est accusé de malversation, le peuple est prêt à mettre en pieces ses délateurs ; il en arrête la fureur en disant : « O Syra-
« cusains, qu'allez-vous faire? Son-
« gez que tout citoyen a le droit de
« m'accuser : gardez-vous, en cédant
« à la reconnoissance, de donner
« atteinte à cette même liberté qu'il
« m'est si glorieux de vous avoir
« rendue. »

Si l'histoire grecque et romaine est pleine de ces traits héroïques, et si l'on parcourt presque inutilement toute l'histoire du despotime pour en trouver de pareils, c'est que dans ces gouvernements l'intérêt particulier n'est jamais lié à l'intérêt public ; c'est qu'en ces pays, entre mille qualités, c'est la bassesse qu'on honore, la médiocrité qu'on récompense (1). C'est à cette médiocrité que l'on confie presque toujours l'administration publique; on en écarte les gens d'esprit. Trop inquiets et trop remuants, ils altéreroient, dit-on, le repos de l'état : repos comparable au moment de silence qui dans la nature précede de quelques instants la tempête. La tranquillité d'un état ne prouve pas toujours le bonheur des sujets. Dans les gouvernements arbitraires, les hommes sont comme ces chevaux qui, serrés par les morailles, souffrent sans remuer les plus cruelles opérations : le coursier en liberté se cabre au premier coup. On prend dans ces pays la léthargie pour la tranquillité. La passion de la

(1) Dans ces pays, l'esprit et les talents ne sont honorés que sous de grands princes et de grands ministres.

gloire, inconnue chez ces nations, peut seule entretenir dans le corps politique la douce fermentation qui le rend sain et robuste, et qui développe toute espece de vertus et de talents. Les siecles les plus favorables aux lettres ont, par cette raison, toujours été les plus fertiles en grands généraux et en grands politiques : le même soleil vivifie les cedres et les platanes.

Au reste cette passion de la gloire, qui, divinisée chez les païens, a reçu les hommages de toutes les républiques, n'a principalement été honorée que dans les républiques pauvres et guerrieres.

CHAPITRE XXIII.

Que les nations pauvres ont toujours été plus avides de gloire et plus fécondes en grands hommes que les nations opulentes.

LES héros, dans les républiques commerçantes, semblent ne s'y présenter que pour y détruire la tyrannie et disparoître avec elle. C'étoit dans le premier moment de la liberté de la Hollande que Balzac disoit de ses habitants « qu'ils avoient mérité d'avoir « Dieu seul pour roi, puisqu'ils n'a- « voient pu endurer d'avoir un roi « pour Dieu ». Le sol propre à la production des grands hommes est dans ces républiques bientôt épuisé. C'est la gloire de Carthage qui disparoît avec Annibal. L'esprit de commerce y détruit nécessairement l'esprit de force et de courage. « Les peuples « riches, dit ce même Balzac, se « gouvernent par les discours de la « raison, qui conclut à l'utile, et non « selon l'institution morale, qui se « propose l'honnête et le hasardeux. »

Le courage vertueux ne se conserve que chez les nations pauvres. De tous les peuples les Scythes étoient peut-être les seuls qui chantassent des hymnes en l'honneur des dieux, sans jamais leur demander aucune grace; persuadés, disoient-ils, que rien ne manque à l'homme de courage. Soumis à des chefs dont le pouvoir étoit assez étendu, ils étoient indépendants, parcequ'ils cessoient d'obéir au chef, lorsqu'il cessoit d'obéir aux lois. Il n'en est pas des nations riches comme de ces Scythes, qui n'avoient d'autre besoin que celui de la gloire. Par-tout où le commerce fleurit on préfere les richesses à la gloire, parceque ces richesses sont l'échange de tous les plaisirs, et que l'acquisition en est plus facile.

Or quelle stérilité de vertus et de talents cette préférence ne doit-elle point occasionner! La gloire ne pouvant jamais être décernée que par la reconnoissance publique, l'acquisition de la gloire est toujours le prix des services rendus à la patrie; le desir de la gloire suppose toujours le desir de se rendre utile à sa nation.

Il n'en est pas ainsi du desir des richesses. Elles peuvent être quelquefois le prix de l'agiotage, de la bassesse, de l'espionnage, et souvent du crime; elles sont rarement le partage des plus spirituels et des plus vertueux. L'amour des richesses ne porte donc pas nécessairement à l'amour de la vertu. Les pays commerçants doivent donc être plus féconds en bons négociants qu'en bons citoyens, en grands banquiers qu'en héros.

Ce n'est donc point sur le terrain du luxe et des richesses, mais sur celui de la pauvreté, que croissent les sublimes vertus (1). Rien de si rare que de rencontrer des ames élevées dans les empires opulents (2); les

(1) J'y ajouterai le bonheur. Ce qu'il est impossible de dire des particuliers peut se dire des peuples ; c'est que les plus vertueux sont toujours les plus heureux : or les plus vertueux ne sont pas les plus riches et les plus commerçants.

(2) De tous les peuples de la Germanie, les Suéones, dit Tacite, sont les seuls qui, à l'exemple des Romains, fassent cas des richesses, et qui soient comme eux soumis au despotisme.

citoyens y contractent trop de besoins. Quiconque les a multipliés a donné à la tyrannie des ôtages de sa bassesse et de sa lâcheté. La vertu qui se contente de peu est la seule qui soit à l'abri de la corruption. C'est cette espece de vertu qui dicta la réponse que fit au ministre anglais un seigneur distingué par son mérite. La cour ayant intérêt de l'attirer dans son parti, M. Walpole va le trouver : « Je
« viens, lui dit-il, de la part du roi,
« vous assurer de sa protection, vous
« marquer le regret qu'il a de n'avoir
« encore rien fait pour vous, et vous
« offrir un emploi plus convenable
« à votre mérite ». — « Milord, lui
« répliqua le seigneur anglais, avant
« de répondre à vos offres, permettez-
« moi de faire apporter mon souper
« devant vous ». On lui sert au même instant un hachis fait du reste d'un

gigot dont il avoit dîné. Se tournant alors vers M. Walpole : « Milord, « ajouta-t-il, pensez-vous qu'un hom- « me qui se contente d'un pareil repas « soit un homme que la cour puisse « aisément gagner? Dites au roi ce « que vous avez vu; c'est la seule ré- « ponse que j'aie à lui faire ». Un pareil discours part d'un caractere qui sait rétrécir le cercle de ses besoins. Et combien en est-il qui, dans un pays riche, résistent à la tentation perpétuelle des superfluités ? Combien la pauvreté d'une nation ne rend-elle pas à la patrie d'hommes vertueux que le luxe eût corrompus! « Ô philosophes, « s'écrioit souvent Socrate, vous qui « représentez les dieux sur la terre, « sachez comme eux vous suffire à « vous-mêmes, vous contenter de « peu ; sur-tout n'allez point en ram- « pant importuner les princes et les

« rois ». « Rien de plus ferme et de
« plus vertueux, dit Cicéron, que le
« caractere des premiers sages de la
« Grece : aucun péril ne les effrayoit,
« aucun obstacle ne les décourageoit,
« aucune considération ne les rete-
« noit, et ne leur faisoit sacrifier la
« vérité aux volontés absolues des
« princes ». Mais ces philosophes
étoient nés dans un pays pauvre :
aussi leurs successeurs ne conserve-
rent-ils pas toujours les mêmes vertus.
On reproche à ceux d'Alexandrie d'a-
voir eu trop de complaisance pour les
princes leurs bienfaiteurs, et d'avoir
acheté par des bassesses le tranquille
loisir dont ces princes les laissoient
jouir. C'est à ce sujet que Plutarque
s'écrie : « Quel spectacle plus avilis-
« sant pour l'humanité que de voir
« des sages prostituer leurs éloges
« aux gens en place ? Faut-il que les

« cours des rois soient si souvent
« l'écueil de la sagesse et de la vertu ?
« Les grands ne devroient-ils pas sen-
« tir que tous ceux qui ne les entre-
« tiennent que de choses frivoles les
« trompent (1) ? La vraie maniere de
« les servir c'est de leur reprocher
« leurs vices et leurs travers ; de leur

(1) Il fut sans doute un temps où les gens d'esprit n'avoient droit de parler aux princes que pour leur dire des choses vraiment utiles. En conséquence les philosophes de l'Inde ne sortoient qu'une fois l'an de leur retraite ; c'étoit pour se rendre au palais du roi. Là chacun déclaroit à haute voix, et ses réflexions politiques sur l'administration, et les changements ou les modifications qu'on devoit apporter dans les lois. Ceux dont les réflexions étoient trois fois de suite jugées fausses ou peu importantes per-doient le droit de parler. *Histoire critique de la philosophie,* tome II.

« apprendre qu'il leur sied mal de
« passer les jours dans les divertisse-
« ments. Voilà le seul langage digne
« d'un homme vertueux ; le men-
« songe et la flatterie n'habitent ja-
« mais sur ses levres. »

Cette exclamation de Plutarque est sans doute très belle ; mais elle prouve plus d'amour pour la vertu que de connoissance de l'humanité. Il en est de même de celle de Pythagore : « Je refuse, dit-il, le nom de
« philosophes à ceux qui cedent à
« la corruption des cours. Ceux-là
« seuls sont dignes de ce nom qui
« sont prêts à sacrifier devant les
« rois leur vie, leurs richesses, leurs
« dignités, leurs familles, et même
« leur réputation. C'est, ajoute Py-
« thagore, par cet amour pour la
« vérité qu'on participe à la divi-
« nité, et qu'on s'y unit de la ma-

« niere la plus noble et la plus in-
« time. »

De tels hommes ne naissent pas indifféremment dans toute espece de gouvernements : tant de vertus sont l'effet, ou d'un fanatisme philosophique qui s'éteint promptement, ou d'une éducation singuliere, ou d'une excellente législation. Les philosophes de l'espece dont parlent Plutarque et Pythagore ont presque tous reçu le jour chez des peuples pauvres et passionnés pour la gloire.

Non que je regarde l'indigence comme la source des vertus. C'est à l'administration plus ou moins sage des honneurs et des récompenses qu'on doit chez tous les peuples attribuer la production des grands hommes. Mais, ce qu'on n'imaginera pas sans peine, c'est que les vertus et les talents ne sont nulle part récompensés d'une maniere aussi flatteuse que dans les républiques pauvres et guerrieres.

CHAPITRE XXIV.

Preuve de cette vérité.

Pour ôter à cette proposition tout air de paradoxe, il suffit d'observer que les deux objets les plus généraux du desir des hommes sont les richesses et les honneurs. Entre ces deux objets, c'est des honneurs qu'ils sont le plus avides, lorsque ces honneurs sont dispensés d'une maniere flatteuse pour l'amour-propre.

Le desir de les obtenir rend alors les hommes capables des plus grands efforts, et c'est alors qu'ils operent des prodiges. Or ces honneurs ne sont nulle part répartis avec plus de justice que chez les peuples qui, n'ayant que cette monnoie pour payer les services rendus à la patrie, ont par conséquent le plus grand intérêt à la tenir en valeur. Aussi les républiques pauvres de Rome et de la Grece ont-elles produit plus de grands hommes que tous les vastes et riches empires de l'Orient.

Chez les peuples opulents et soumis au despotisme, on fait et l'on doit faire peu de cas de la monnoie des honneurs. En effet, si les honneurs empruntent leur prix de la maniere dont ils sont administrés, et si dans l'Orient les sultans en sont les dispensateurs, on sent qu'ils doivent souvent les décréditer par le mauvais choix de ceux qu'ils en décorent. Aussi, dans ces pays, les honneurs ne sont proprement que des titres; ils ne peuvent vivement flatter l'orgueil, parce-qu'ils sont rarement unis à la gloire, qui n'est point en la disposition des princes, mais du peuple, puisque la gloire n'est autre chose que l'acclamation de la reconnoissance publique. Or, lorsque les honneurs sont avilis, le desir de les obtenir s'attiédit; ce desir ne porte plus les hommes aux grandes choses; et les honneurs deviennent dans l'état un ressort sans force, dont les gens en place négligent avec raison de se servir.

Il est un canton dans l'Amérique où, lorsqu'un sauvage a remporté une victoire ou manié adroitement une négociation, on lui dit dans une assemblée de la nation, *Tu es un homme.* Cet éloge l'excite plus aux grandes actions que toutes les dignités proposées dans les états despotiques à ceux qui s'illustrent par leurs talents.

Pour sentir tout le mépris que doit quelquefois jeter sur les honneurs la maniere ridicule dont on les administre, qu'on se rappelle l'abus qu'on en faisoit sous le regne de Claude. Sous cet empereur, dit Pline, un citoyen tua un corbeau célebre par son adresse; ce citoyen fut mis à mort; on fit à cet oiseau des funérailles magnifiques: un joueur de flûte précédoit le lit de parade sur lequel deux esclaves portoient le corbeau, et le convoi étoit fermé par une infinité de gens de tout sexe et de tout âge. C'est à ce sujet que Pline s'écrie : « Que diroient nos ancêtres, si, dans « cette même Rome où l'on enterroit « nos premiers rois sans pompe, où « l'on n'a point vengé la mort du « destructeur de Carthage et de Numance, ils assistoient aux obseques « d'un corbeau ? »

Mais, dira-t-on, dans les pays soumis au pouvoir arbitraire les honneurs cependant sont quelquefois le prix du mérite. Oui, sans doute; mais ils le sont plus souvent du vice et de la bassesse. Les honneurs sont, dans ces gouvernements, comparables à ces arbres épars dans les déserts, dont les fruits, quelquefois enlevés par les oiseaux du ciel, deviennent trop souvent la proie du serpent qui, du pied de l'arbre, s'est, en rampant, élevé jusqu'à sa cime.

Les honneurs une fois avilis, ce n'est plus qu'avec de l'argent qu'on paie les services rendus à l'état. Or toute nation qui ne s'acquitte qu'avec de l'argent est bientôt surchargée de dépenses; l'état épuisé devient bientôt insolvable: alors il n'est plus de récompense pour les vertus et les talents.

En vain dira-t-on qu'éclairés par le besoin les princes, en cette extrémité, devroient avoir recours à la monnoie des honneurs : si, dans les républiques pauvres, où la nation en corps est la distributrice des graces, il est facile de rehausser le prix de ces honneurs, rien de plus difficile que de les mettre en valeur dans un pays despotique.

Quelle probité cette administration de la monnoie des honneurs ne supposeroit-elle pas dans celui qui voudroit y donner du cours ! Quelle force de caractere pour résister aux intrigues des courtisans ! Quel discernement pour n'accorder ces honneurs qu'à de grands talents et de grandes vertus, et les refuser constamment à tous ces hommes médiocres qui les décréditeroient ! Quelle justesse d'esprit pour saisir le moment précis où ces honneurs, devenus trop communs, n'excitent plus les citoyens aux mêmes efforts, où l'on doit par conséquent en créer de nouveaux !

Il n'en est pas des honneurs comme des richesses. Si l'intérêt public défend les refontes dans les monnoies d'or et d'argent, il exige au contraire qu'on en fasse dans la monnoie des honneurs, lorsqu'ils ont perdu du prix qu'ils ne doivent qu'à l'opinion des hommes.

Je remarquerai à ce sujet qu'on ne peut sans étonnement considérer la conduite de la plupart des nations, qui chargent tant de gens de la régie de leurs finances, et n'en nomment aucun pour veiller à l'administration des honneurs. Quoi de plus utile cependant que la discussion sévere du mérite de ceux qu'on éleve aux dignités ? Pourquoi chaque nation n'auroit-elle pas un tribunal qui, par un examen profond et public, l'assurât de la réalité des talents qu'elle récompense? Quel prix un pareil examen ne mettroit-il pas aux honneurs! Quel desir de les mériter! Quel changement heureux ce desir n'occasionneroit-il pas, et dans l'éducation particuliere, et peu-à-peu dans l'éducation publique! changement duquel dépend peut-être toute la différence qu'on remarque entre les peuples.

Parmi les vils et lâches courtisans d'Antiochus, que d'hommes, s'ils eussent été dès l'enfance élevés à Rome, auroient, comme Popilius, tracé autour de ce roi le cercle dont il ne pouvoit sortir sans se rendre l'esclave ou l'ennemi des Romains!

Après avoir prouvé que les grandes récompenses font les grandes vertus, et que la sage administration des honneurs est le lien le plus fort que les législateurs puissent employer pour unir l'intérêt particulier à l'intérêt général, et former des citoyens vertueux, je suis, je pense, en droit d'en conclure que l'amour ou l'indifférence de certains peuples pour la vertu est un effet de la forme différente de leurs gouvernements. Or ce que je dis de la passion de la vertu, que j'ai prise pour exemple, peut s'appliquer à toute autre espece de passions. Ce n'est donc point à la nature qu'on doit attribuer ce degré inégal de passions dont les divers peuples paroissent susceptibles.

Pour derniere preuve de cette verité je vais montrer que la force de nos passions est toujours proportionnée à la force des moyens employés pour les exciter.

CHAPITRE XXV.

Du rapport exact entre la force des passions et la grandeur des récompenses qu'on leur propose pour objet.

Pour sentir toute l'exactitude de ce rapport, c'est à l'histoire qu'il faut avoir recours. J'ouvre celle du Mexique. Je vois des monceaux d'or offrir à l'avarice des Espagnols plus de richesses que ne leur en eût procuré le pillage de l'Europe entiere. Animés du desir de s'en emparer, ces mêmes Espagnols quittent leurs biens, leurs familles; entreprennent, sous la conduite de Cortez, la conquête du nouveau monde; combattent à-la-fois le climat, le besoin, le nombre, la valeur, et en triomphent par un courage aussi opiniâtre qu'impétueux.

Plus échauffés encore de la soif de l'or, et d'autant plus avides de richesses qu'ils sont plus indigents, je vois les Flibustiers passer des mers du nord à celles du sud, attaquer des retranchements impénétrables, défaire avec une poignée d'hommes des corps nombreux de soldats disciplinés, et ces mêmes Flibustiers, après avoir ravagé les côtes du sud, se r'ouvrir de nouveau un passage dans les mers du nord, en surmontant, par des travaux incroyables, des combats continuels et un courage à toute épreuve, les obstacles que les hommes et la nature mettoient à leur retour.

Si je jette les yeux sur l'histoire du Nord, les premiers peuples qui se présentent à mes regards sont les disciples d'Odin. Ils sont animés de l'espoir

d'une récompense imaginaire, mais la plus grande de toutes lorsque la crédulité la réalise. Aussi, tant qu'ils sont animés d'une foi vive, ils montrent un courage qui, proportionné à des récompenses célestes, est encore supérieur à celui des Flibustiers. « Nos
« guerriers, avides du trépas, dit un
« de leurs poëtes, le cherchent avec
« fureur. Dans les combats, frappés
« d'un coup mortel, on les voit tom-
« ber, rire, et mourir ». Ce qu'un de leurs rois, nommé Lodbrog, confirme, lorsqu'il s'écrie sur le champ de bataille : « Quelle joie inconnue
« me saisit ! je meurs ; j'entends la
« voix d'Odin qui m'appelle : déja
« les portes de son palais s'ouvrent ;
« j'en vois sortir des filles demi-nues ;
« elles sont ceintes d'une écharpe
« bleue qui releve la blancheur de
« leur sein ; elles s'avancent vers moi,

« et m'offrent une biere délicieuse
« dans le crâne sanglant de mes
« ennemis. »

Si du nord je passe au midi, je vois Mahomet, créateur d'une religion pareille à celle d'Odin, se dire l'envoyé du ciel, annoncer aux Sarrasins que le Très-Haut leur a livré la terre; qu'il fera marcher devant eux la terreur et la désolation; mais qu'il faut en mériter l'empire par la valeur. Pour échauffer leur courage, il enseigne que l'Éternel a jeté un pont sur l'abyme des enfers. Ce pont est plus étroit que le tranchant du cimeterre. Après la résurrection, le brave le franchira d'un pied léger pour s'élever aux voûtes célestes; et le lâche, précipité de ce pont, sera, en tombant, reçu *dans la gueule de l'horrible serpent qui habite l'obscure caverne de la maison de la fumée.* Pour confirmer la mission du prophete, ses disciples ajoutent que, monté sur l'Al-borak, il a parcouru les sept cieux, vu l'ange de la mort, et le coq blanc qui, les pieds posés sur le premier ciel, cache sa tête dans le septieme; que Mahomet a fendu la lune en deux, a fait jaillir des fontaines de ses doigts; qu'il a donné la parole aux brutes; qu'il s'est fait suivre par les forêts, saluer par les montagnes (1); et qu'ami de Dieu

(1) On rapporte beaucoup d'autres miracles de Mahomet. Un chameau rétif, l'ayant apperçu de loin, vint, dit-on, se jeter aux genoux de ce prophete, qui le flatta, et lui ordonna de se corriger. On raconte qu'une autre fois ce même prophete rassasia trente mille hommes avec le foie d'une brebis. Le P. Maracio convient du fait, et prétend que ce fut l'œuvre du démon. A l'égard de prodiges encore plus étonnants, tels que de fendre la

il leur apporte la loi que ce Dieu lui a dictée. Frappés de ces récits, les Sarrasins prêtent aux discours de Mahomet une oreille d'autant plus crédule qu'il leur fait des descriptions plus voluptueuses du séjour céleste destiné aux hommes vaillants. Intéressés par les plaisirs des sens à l'existence de ces beaux lieux, je les vois, échauffés de la plus vive croyance, et soupirant

lune, de faire danser les montagnes, parler les épaules de moutons rôtis, les musulmans assurent que, s'il les opéra, c'est que des prodiges aussi frappants, et qui surpassent autant toute la force et la supercherie humaine, sont absolument nécessaires pour convertir les esprits forts, gens toujours très difficiles en fait de miracles.

Les Persans, au rapport de Chardin, croient que Fatime, femme de Mahomet, fut de son vivant enlevée au ciel. Ils célebrent son assomption.

sans cesse après les houris, fondre avec fureur sur leurs ennemis. « Guer- « riers, s'écrie dans le combat un de « leurs généraux nommé Ikrimach, « je les vois ces belles filles aux yeux « noirs ; elles sont quatre-vingt. Si « l'une d'elles apparoissoit sur la terre, « tous les rois descendroient de leur « trône pour la suivre. Mais que « vois-je ? C'en est une qui s'avance ; « elle a un cothurne d'or pour chaus- « sure ; d'une main elle tient un mou- « choir de soie verte, et de l'autre « une coupe de topaze ; elle me fait « signe de la tête, en me disant, *Ve-* « *nez ici, mon bien-aimé*..... At- « tendez-moi, divine houri ; je me « précipite dans les bataillons infi- « deles, je donne, je reçois la mort, « et vous rejoins. »

Tant que les yeux crédules des Sarrasins virent aussi distinctement les houris, la passion des conquêtes, proportionnée en eux à la grandeur des récompenses qu'ils attendoient, les anima d'un courage supérieur à celui qu'inspire l'amour de la patrie : aussi produisit-il de plus grands effets, et les vit-on en moins d'un siecle soumettre plus de nations que les Romains n'en avoient subjugué en six cents ans.

Aussi les Grecs, supérieurs aux Arabes en nombre, en discipline, en armures, et en machines de guerre, fuyoient-ils devant eux comme des colombes à la vue de l'épervier (1).

(1) L'empereur Héraclius, étonné des défaites multipliées de ses armées, assemble à ce sujet un conseil moins composé d'hommes d'état que de théologiens : on y expose les maux actuels de l'empire; on en cherche les causes; et l'on conclut, selon l'usage de ces temps, que les crimes

Toutes les nations liguées ne leur auroient alors opposé que d'impuissantes barrieres.

Pour leur résister il eût fallu armer les chrétiens du même esprit dont la loi de Mahomet animoit les musulmans, promettre le ciel et la palme de la nation avoient irrité le Très-Haut, et qu'on ne pourroit mettre fin à tant de malheurs que par le jeûne, les larmes, et la priere.

Cette résolution prise, l'empereur ne considere aucune des ressources qui lui restoient encore après tant de désastres; ressources qui se fussent d'abord présentées à son esprit, s'il avoit su que le courage n'étoit jamais que l'effet des passions; que, depuis la destruction de la république, les Romains n'étant plus animés de l'amour de la patrie, c'étoit opposer de timides agneaux à des loups furieux, que de mettre des hommes sans passions aux mains avec des fanatiques.

du martyre, comme S. Bernard la promit, du temps des croisades, à tout guerrier qui mourroit en combattant les infideles : proposition que l'empereur Nicéphore fit aux évêques assemblés, qui, moins habiles que S. Bernard, la rejeterent d'une commune voix (1). Ils ne s'apperçurent point que ce refus décourageoit les Grecs, favorisoit l'extinction du chris-

(1) Ils alléguoient en faveur de leur sentiment l'ancienne discipline de l'église d'Orient, et le treizieme canon de la lettre de S. Basile le grand à Amphiloque. Cette lettre portoit que *tout soldat qui tuoit un ennemi dans le combat ne pouvoit de trois ans s'approcher de la communion.* D'où l'on pourroit conclure que, s'il est avantageux d'être gouverné par un homme éclairé et vertueux, rien ne seroit quelquefois plus dangereux que de l'être par un saint.

tianisme et les progrès des Sarrasins, auxquels on ne pouvoit opposer que la digue d'un zele égal à leur fanatisme. Ces évêques continuerent donc d'attribuer aux crimes de la nation les calamités qui désoloient l'empire, et dont un œil éclairé eût cherché et découvert la cause dans l'aveuglement de ces mêmes prélats, qui, dans de pareilles conjonctures, pouvoient être regardés comme les verges dont le ciel se servoit pour frapper l'empire, et comme la plaie dont il l'affligeoit.

Les succès étonnants des Sarrasins dépendoient tellement de la force de leurs passions, et la force de leurs passions des moyens dont on se servoit pour les allumer en eux, que ces mêmes Arabes, ces guerriers si redoutables, devant lesquels la terre trembloit et les armees grecques fuyoient dispersées comme la poussiere devant les aquilons, frémissoient eux-mêmes à l'aspect d'une secte de musulmans nommés les Safriens (1). Echauffés, comme tous réformateurs, d'un orgueil plus féroce et d'une croyance plus ferme, ces sectaires voyoient d'une vue plus distincte les plaisirs célestes que l'espérance ne présentoit aux autres musulmans que

(1) Ces Safriens étoient si redoutés, qu'Adi, capitaine d'une grande réputation, ayant reçu ordre d'attaquer avec six cents hommes cent vingt de ces fanatiques qui s'étoient rassemblés dans le gouvernement d'un nommé Ben-Mervan, ce capitaine représenta qu'avide de la mort, chacun de ces sectaires pouvoit combattre avec avantage contre vingt Arabes; et qu'ainsi l'inégalité du courage n'étant point dans cette occasion compensée par l'inégalité du nombre, il ne hasarderoit point un combat que la valeur déterminée de ces fanatiques rendoit si inégal.

dans un lointain plus confus. Aussi ces furieux Safriens vouloient-ils purger la terre de ses erreurs, éclairer ou exterminer les nations, qui, disoient-ils, à leur aspect devoient, frappées de terreur ou de lumiere, se détacher de leurs préjugés ou de leurs opinions aussi promptement que la fleche se détache de l'arc dont elle est décochée.

Ce que je dis des Arabes et des Safriens peut s'appliquer à toutes les nations mues par le ressort des religions; c'est en ce genre l'égal degré de crédulité qui chez tous les peuples produit l'équilibre de leurs passions et de leur courage.

A l'égard des passions d'une autre espece, c'est encore le degré inégal de leur force, toujours occasionné par la diversité des gouvernements et des positions des peuples, qui, dans la même extrémité, les détermine à des partis très différents.

Lorsque Thémistocle vint, à main armée, lever des subsides considérables sur les riches alliés de sa république, ces alliés, dit Plutarque, s'empresserent de les lui fournir, parcequ'une crainte proportionnée aux richesses qu'il pouvoit leur enlever les rendoit souples aux volontés d'Athenes. Mais lorsque ce même Thémistocle s'adressa à des peuples indigents; que, débarqué à Andros, il fit les mêmes demandes à ces insulaires, leur déclarant qu'il venoit, accompagné de deux puissantes divinités, *le Besoin et la Force, qui*, disoit-il, *entraînent toujours la persuasion à leur suite:* « Thémistocle, lui répon« dirent les habitants d'Andros, nous
« nous soumettrions, comme les au« tres alliés, à tes ordres, si nous

« n'étions aussi protégés par deux
« divinités aussi puissantes que les
« tiennes, l'Indigence, et le Dés-
« espoir qui méconnoît la Force. »

La vivacité des passions dépend donc, ou des moyens que le législateur emploie pour les allumer en nous (1), ou des positions où la for-

(1) De petits moyens produisent toujours de petites passions et de petits effets : il faut de grands motifs pour nous exciter aux entreprises hardies. C'est la foiblesse, encore plus que la sottise, qui dans la plupart des gouvernements éternise les abus. Nous ne sommes pas aussi imbéciles que nous le paroîtrons à la postérité. Est-il, par exemple, un homme qui ne sente l'absurdité de la loi qui défend aux citoyens de disposer de leurs biens avant vingt-cinq ans, et qui leur permet à seize ans d'engager leur liberté chez des moines ? Chacun sait le remede à ce mal, et sent en même temps combien il seroit difficile

tune nous place. Plus nos passions sont vives, plus les effets qu'elles produisent sont grands. Aussi les succès, comme le prouve toute l'histoire, accompagnent les peuples animés de passions fortes : vérité trop peu connue, et dont l'ignorance s'est opposée aux progrès qu'on eût faits dans l'art

de l'appliquer. Que d'obstacles en effet l'intérêt de quelques sociétés ne mettroit-il pas à cet égard au bien public ! Que de longs et pénibles efforts de courage et d'esprit, que de constance enfin, ne supposeroit pas l'exécution d'un pareil projet ! Pour le tenter, peut-être faudroit-il que l'homme en place y fût excité par l'espoir de la plus grande gloire, et qu'il pût se flatter de voir la reconnoissance publique lui dresser par-tout des statues. On doit toujours se rappeler qu'en morale, ainsi qu'en physique et en méchanique, les effets sont toujours proportionnés aux causes.

d'inspirer des passions ; art jusqu'à présent inconnu, même à ces politiques de réputation qui calculent assez bien les intérêts et les forces d'un état, mais qui n'ont jamais senti les ressources singulieres qu'en des instants critiques on peut tirer des passions lorsqu'on sait l'art de les allumer.

Les principes de cet art, aussi certains que ceux de la géométrie, ne paroissent en effet avoir été jusqu'ici apperçus que par de grands hommes dans la guerre ou dans la politique. Sur quoi j'observerai que, si la vertu, le courage, et par conséquent les passions dont les soldats sont animés, ne contribuent pas moins au gain des batailles que l'ordre dans lequel ils sont rangés, un traité sur l'art de les inspirer ne seroit pas moins utile à l'instruction des généraux que l'excellent traité de l'illustre chevalier Folard sur la tactique (1).

Ce furent les passions réunies de l'amour de la liberté et de la haine de l'esclavage qui, plus que l'habileté des ingénieurs, firent les célebres et opiniâtres défenses d'Abydos, de Sagunte, de Carthage, de Numance, et de Rhodes.

Ce fut dans l'art d'exciter des passions qu'Alexandre surpassa presque tous les autres grands capitaines; c'est à ce même art qu'il dut ces succès attribués tant de fois, par ceux auxquels on donne le nom de gens sensés,

(1) La discipline n'est, pour ainsi dire, que l'art d'inspirer aux soldats plus de peur de leurs officiers que des ennemis. Cette peur a souvent l'effet du courage; mais elle ne tient pas devant la féroce et opiniâtre valeur d'un peuple animé par le fanatisme ou l'amour vif de la patrie.

au hasard, ou à une folle témérité, parcequ'ils n'apperçoivent point les ressorts presque invisibles dont ce héros se servoit pour opérer tant de prodiges.

La conclusion de ce chapitre, c'est que la force des passions est toujours proportionnée à la force des moyens employés pour les allumer. Maintenant je dois examiner si ces mêmes passions peuvent dans tous les hommes communément bien organisés s'exalter au point de les douer de cette continuité d'attention à laquelle est attachée la supériorité d'esprit.

FIN DU TOME QUATRIEME.

www.ingramcontent.com/pod-product-compliance
Lightning Source LLC
Chambersburg PA
CBHW050324170426
43200CB00009BA/1448